약은 7개고, 밤은 너무 짧다

약은 7개고, 밤은 너무 짧다

신아영

부제 **경계선에서**

오래된 혼잣말

1. 살 때는 행복이라는 단어를 망각해버린다. 그럼 최소한 빈 단어의 자리에 다른 것을 채워 넣을 수라도 있다.

2. 삶이 아름답다고 생각하지 않는다. 또한 고통스러운 것도. 나는 아무것도 아닌 무의 중간에서 머무르고 있는 중이다.

3. 인간이 얼마나 가면적이고 양면적이냐는 나의 오늘만 봐도 알 수 있다.

4. 놓치지 않기 위해 적는 것들.
그리고 부가적인 것 없이 온전히 외로움과
괴로인 밤들과 함께.
아무렇지 않아도 괜찮다는 말이 모순일지라도,
나는 온전히 나로 존재할 수 있도록.

1부 19살, 12개월 중, 반 년

21 : 1 : ...	15
1990年 8月 27日의 火德	19
신경과상관의상관관계	21
세모난 구멍으로	24
D-122	26
Kill your darling	28
Hummy and Hummy and Hummy and ...	30
전후의 질타	32
거울을 놓고	33
옥수수의 냄새 : 검정의 향	34
망고 알맹이는 흰 연기를 뿜어내고	36
나는 차디 찬 감기에 걸렸다	38
쓸모없는 것들의 합	40
독과 함께	42
눈은 절대 감지 않은 채로 새벽을	44
이성 아닌 감성	46
초라한 의미의 결론을 처음 적던 날	48
낡은 시간에 깨닫는 것 들	50
A, 절대 쓰이지 않을 알파벳	52
얇은 실핏줄로 엮인것	54
살인 고백	57
그림자를 벗어나는 동공들	58
네모 하나뿐인 새벽	60
관성과 그 반대인 두 손	62
그리고, 2달	64
의식의 기록과 뼈의 나이	66
Be sein	69

발신자도 수신자도 없어져버린, 이름 없음	71
먼저 내 삶, 옥중편지	74
서운할때는 오히려 어른스럽게 생각하곤 하는데요,	
가끔은 그게 더 서운하더라구요	76
역류성 식도염	78
eternal sunshine	80
* 케케묵혀왔던 2016년을 불태우면서,	83

2부 거울을 마주하는 순간들 : 태어나서 처음으로
zum ersten Mal in meinem Leben

오롯이 밤을 견디는 마음에게	88
붉은 선의 잔존	89
비관주의자가 버리는 법	91
20180628 폐쇄병동 입원 일기	92
어디에 걸어야 하는지를 모르고	94
나는 늦었다	95
20180601 오후1	97
20180601 오후2	99
save your tear& body	100
여기, 이 장소는 이제 없습니다	104
LOOK GOOD ?	106
나는 나에 대해 어쩔수 없는 파괴심인데도	108
텅빈 긴 일요일	110
언덕위의 하얀집은 온통 검은 것들로 가득해	112
20180725 탈출	115
혹시 더위먹었니?	117
꿈과 현실의 공통점	118

hands getting cold	119
이 시계는 더이상의 변명이 없어요	123
창문위의 마른 태풍을 기다리게 되는 일	125
2019 히야진테	128
그러나	131
What the heck! 1	134
추상적인	136
노력	137
D+1	141
다시, 온전하게 새벽을	142
다시 돌아가고 싶은 이유는	143
내 악몽의 일부분에는,	145
친근하지 못한 증상들	147
What the Heck! 2	151
기록들	153

3부 끊임없이 흔들리는

문을 열어놓았다	158
H에게, 반송된 편지	160
겉으로는 펴낼수 없는 옷을 개면서 나는 생각한다	163
10개, 세상에서 가장 더러운 쓰레기통에 버려줘요	164
선택지가 없는 꿈의종류	167
실어증의 개인적 정의	169
how to die and live anyway	170

내가 평발이었다고 다시 확신을 준다는 건	173
사물마저 날 저버리는 느낌이 다가올때면	
혼자서 꺽꺽대며 울기도 하였다	175
감정이 만들어낸 허상	177
ich aber, Mensch, doch-1	180
삶이 흔들리고 있다	184
언어를 잃는다는 것은,	185
그 방향은 늘 싫더라	186
ich aber, Mensch, doch-2	188
악몽에 대한 내 생각	189
쩍하고 떨어졌다가 쩍 하고-	192
또 다시 바닥으로	194
4월의 우박이 내리는 날에는	
내가 쏟아지는 거라고 생각해줘	195
그러니까, 즉, 너는	198
갈증나는 여름	201
잠수교가 정말 잠기는 날이 이렇게	
금방 올 줄은 몰랐어	204
누구도 궁금해 하지 않을 답장	210
극단과 비례	212
꿈, 약	214
실패의 Y값	218
낮잠	220
무지	221
고양이의 언어로	223
이미 벌어진 시간	226
그래도, 밖으로	228

# 1부, 19살, 12개월 중, 반 년

경계선에 놓여있는 나. 정확한 선에 서 있다.
두려움이 느껴진다.
내가 모르는 사이에 난 내 증상을 모두 써 내려갔다.
그리고,
이 생각은 2년전부터 시작되어왔다.

1

꽉 막힌 공간에 차디찬 바람은 빈틈을 비집고 기어이 들어
와 독한 감기를 주었다
더는 햇빛을 마주할 눈이 없었고
더는 바람을 맞이할 가슴이 없었다
쥐어짜냈던 슬픔의 자리는 바닥의 바닥도 보이지 않았다
그대로일줄 알았던 슬픔의 자리는 혼란스러운 틈을 타
온데간데 없어져 버렸다
꿈결에 조용히 나 앉았던 공기는 식은지 오래되었고
남겨져 있던 빈칸을 채우는 데에도 꽤 많은 시간이 걸렸다
눅눅해져있던 손들은 서로 맞잡고 있었을 것이고 축축한
습기에 피하려고 애썼던 몸부림과
이젠 흩어져 있는 시간들.
애써 조각들을 모아보려 하니
저려오는 손가락과 목 틈틈이 껴 있는 죽은 세포들이 전혀
낯설지 않아, 그때처럼.

19살, 12개월 중, 반 년

2

정확히는 바로 어제,
날이 잘 선 식도로 성대를 베혀내었다
허리춤을 올렸기에 그 자국을 들키지는 않았을 것이다.
하지만, 어째서 당신은 다시 차 올랐는지.
밤새 개워내려고 쓰린 속을 부여잡고 있었건만
위 벽을 몇 천번씩 굴리는 한방소화제로도
어쩔수가 없었다
나는, 차가운 물 2 리터로도 해소되지 않는,
이,
타들어가는,
저녁에서 밤으로 건너가는 길목마다
자꾸만 뜨거워지는 갈비뼈속의 그 무언가를 향하여
이를 꽈악 물으며 매일을 견뎌내야 할 것이다.
(21 : 1 : ...)

(이룰수 없는 것에 대해서, 이제는 분명하게 끝내야 함을 인정한다. 그것은 나의 자각의 문제였음을 안다. 확실한 것은 인정하지 못하고 마지막까지 질질 끌면서 **처참한 모습을, 이빨을, 그 수단을 들키며 드러낸 모습은 온전히 내 것이었다**.)

(21 : 1 : ...)

1990年 8月 27日의 火德

나는 1990年 8月 27日 부로 火德에서 나온 빵 같아요
다 구워진지 아마 9046日이 지나고 있나요?
1000日, 2000日이 지날수록
빵의 껍질은 딱딱해져만 가요
촉촉했던 속살은 그대로일까요, 아니면
벌써 썩은걸까요
큰 지진이라도 나면, 그 껍질이 갈라져서,
놀란 속살이 당신께 전화를 걸까요, 거긴 괜찮으냐고.
큰 홍수라도 나면, 나는 스펀지처럼 송송 뚫린 살을 쥐어
짜서, 물속의 당신 입술에 숨을 불어넣어줄까요
아니면 검정치마의 노래처럼 氷河期가 다시 올까요
그럼 우리 같이 火德으로 들어가요

19살, 12개월 중, 반 년

그 노래가사처럼 춤을 추며 절망과 함께 싸워요
단단한 껍질을 깨주세요
지진을 일으키고 홍수와 빙하기를 내게 주세요
보세요, 갈라졌나요?
내 속살은 썩은건가요, 아직 그대로인가요.

신경과 상관의 상관관계

01

그 감정이 진실이었다면. 혹여 진실에 진심이 더해져 그것이 영원이라는 이름이 되버린다면.

02

난 지금 그 기로에 서있어. 그거 말야. 맞아. 영원과 일시. 그리고 충동과 진심. 기로에서 자꾸만 모래가 지나다니고, 입에 씹히는데 곧 날 뿌옇게 만들어. 흐려지고 흩어지고 사라지게 만들어. 가로등의 불빛아래에서 전화를 걸고있어. 종착지는 항상 없었어. 거처가는 정류장만 매일일 뿐야. 해답이 어디에 있었을까. 내가 스스로 찾아갈 수 있을까. 아님 시간이 데려다줄까.

19살, 12개월 중, 반 년

03

 갑자기 떠오른 미간의 수많은 주름과, 찌푸린 주름과, 또 주름. 어두운 색깔. 투박했던 공기와 따뜻했지만 밋밋할 수 밖에 없었던 기간.
 진심이 하는 것은 결국 같은 모양새를 띄고 있었기에. 어느날 어느시 문득이라도—

04
 자꾸만 머릿속을 헤집어 놓았어. 그들이. 싸잡아서 부르고 싶어. 그들을. 무엇의 결과였을까. 모두. PTSD. 망상. 어디에서 시작되었을까. 아님 애초에 밑줄이 들어가는 감정이, 별표가 존재했을까.

05
인연과 우연

 인연은 잠시나마 현실을 잊게해주었고 감정을 직면하지 못하게 만들었다
 우연은 감정의 혼란선을 타고 올라와 파동을 일으키고 머릿속을 헤집어 놓았다

그 어떤것도 나에겐 해악인 것이며, 또한 불행인 것이다. 나는, 믿지 않는다. 신뢰하지 않는다. 즉 불신한다. 우연과 인연 따위를

06
회의, 반성, 회고, 자책, 후회, 절망, 이런 감정들…거름과 동시에 감정을 아주 피폐하게 가꾸어 주는 것들…

「나는 상관이 없다. 항상, 나는, 상관이 없어, 신경을 안쓴다, 그러니까 상관이 없다.」

19살, 12개월 중, 반 년

세모난 구멍으로

어디쯤 오고 계신가요, 찻물을 끓여 놓겠습니다
찻집에서 일했던 게 또 이런 쓸모가 있습니다
생김과 목소리는 중요치 않습니다, 알아요
난 세모난 구멍 세개의 콘센트가 있어,
세모의 플러그를 수집하는 사람입니다
어쩌면 그 플러그를 가지고 오실 당신을 만나기 위해
홀로 있습니다
나만의 응원을 합니다, 나만의 언어로 말이에요
우리의 세계에는 우리만의 속닥거림이 있겠죠

흔해 빠진 위로는 하지 않겠다는 말입니다
특이한 세계에는 잡음이 들어올 틈새가 없습니다
생김과 목소리는 중요치 않습니다,
          난 그걸 알아요
당신을 당신 나름으로 예뻐할 준비가 됐습니다
찻집에서 일했던 게 나름 또 이런 쓸모가 있습니다
          어디쯤 오고 계신가요.

19살, 12개월 중, 반 년

D-122

 지금 내가 있는 위치. 어떤 기류를 타고 왔는지는 확실하지 않아도 불안감과 고독, 외로움을 따듯한 불빛으로 지워주던 등대를 보고 온 것 하나는 확실했다. 이제와 누구를 탓하겠느냐만은, 오로지 발전단계만이 아닌 전부가 모두 나에게서부터 온 듯하다. 과연 이게 내 업-그것은 대체 무엇이었을까.
 이제는 어디를 보고 노를 저어야 할지. 거울이 내가 아는이의 얼굴을 비춘다. 모두가 무서워 보여 싫다.
 조금 더 진심을 섞어서 말하자면, 그래, 미안해서 얼굴을 보일수 없는 것이 맞다. 이미 상식선에서 도통 정상이라고 볼 수 없는게 정확하다. 그리고 그것 또한 나로부터 왔음을.

이 깊고도 깊은 고뇌가 122일 후에도 과연 사라질까.
  사실 결말은 모두가 안다. 인간은 욕심으로 인해 스스로 다치고 울 것이란 것을 알면서도 다치고선 어쩔줄 몰라하며 엉엉 우는 존재이다. 바보같이 항상 되풀이 되는 게, 왜 인가.
  하늘이 무너질 것. 아니 이미 무너졌을 누군가는, 이 고통스러운 하루를 어떻게 견디게 될까.
  나만 이런게 아니라고 제발 말해주오. 모두가 그렇다고 긍정하고 또 긍정해주오. 나에게만 남겨진 바닥은, 절대 아니라고 한번만 입을 벌려주오.
  어차피 마지막은 모두 내 몫일테니.

19살, 12개월 중, 반 년

Kill your darling

돌이킬 수 없는 것에 오직 명멸을 바란다.

배에서 울리는 카페인
꽉 막혀버린 달팽이관
내가 있는 이 시공간은 아메리카노
또 다시 머리통은 아메리카노
폐가 만들어내는 아메리카노

애초에 내 것이 아닌것에 대한 갈증과 애착
그것에 대한 집착과 고집으로 받는 벌이 내 사람인 줄 알고 인연을 보내줬다가 빼앗아 가는거라면 난 애초에
누구를, 고르고, 믿고,
살아가야 하는건지 알 수 없다.

제일 큰 장점이 실패로 다가올 때,
제일 위험성이 높아지기 마련인 사람에게 더 이상 뭐가
필요할까

약 한움큼 세게쥐고,
한 번에 털어넣는다고 사람이 관심을 주는건 아니니까

그래서 내가 하고싶은 말은,
마지막일지라도, 나를 찾아줘.

19살, 12개월 중, 반 년

Hummy and Hummy and Hummy and ...

 "그리고 이것이 너와 내가 나눌 수 있는 단 하나의 불멸성이란다. 나의 로리타"

 그는 결국 자신이 가진 모든 것을 무너뜨리며 사랑했건만 꿈은 현실이 될 수 없었습니다. 그는 소녀를 젊은이의 열정으로 사랑했지만 노인의 체념으로 떠나 보낼 수밖에 없었습니다. 그의 굴복은 안타까웠으나 그의 도전은, 그의 사랑은 아름다웠습니다. 그리고 그 아름다움으로 인해 이전보다 훨씬 더 외로워질 그의 남은 날들이 안타까워 나는 눈물을 흘립니다. 도전하지 않았다면 좀 나았을까요? 알 수 없는 일이지만 결코 알고 싶지 않은 일이기도 합니다. 젊음이 상이 아니고 늙음이 벌이 아니듯 황혼의 노인에게 찾아온 사랑이 상도 아니고 벌은 더더욱 아니었으니 말입니다.

"퀼트는 내 마음을 망쳤지만
당신은 내 삶을 망쳤어요" 라는 로리타의 말.
험버트는 로리타의 유년기를 망쳤다.

험버트가 도덕적/비도덕적인가? 하지만 우리는 그 누군가의 도덕성도 판단할 수 없는 것이다. 우리는 정말 그의 사랑에 감동했는가? 나는, 정말 그의 사랑에 감동했는가? 누가 감동이라는 말을 했는가?

"만일 네가 아주 조그만 희망이라도 주기만 한다면 나는 새로운 신을 창조하여 가슴으로 울며 감사할 거야."
"안녕!" 그녀는 노래했다. 나의 달콤한, 불멸의, 죽은, 아메리카의 연인이여.

〈블라디미르 나보코프, 롤리타' 中〉

전후의 질타

습관이 되어버린 순간
다른습관으로 대체하기 전엔
습관이 되어버린 행동외엔
아무것도 할 수가 없었다는 걸 깨달았다
반 수면 상태의 잔잔하지 못한 양쪽의 두 뇌는
18살 전후의 감정기복처럼 갈팡질팡이다
반대쪽에선 나를 바라봐오던 많은 사람들
나는 모르는 표정을 살며시 건네보며 마주한다
이렇게 건네면 나도 이제 더 이상 힘들지 않겠지
어째서 이렇게 되었을까
온전하게 당신만을 질타한다

거울을 놓고

감정의 선
이해와 배려의 선
이정도, 그리고 끝
그리고 끝.

감정의 선에서 사이다처럼 쏘는 경계선에 선 나
자극적이지도 결코 순종적이지도 않아
바라보고 있지만 경계적인 당신과 감정적인 나
그 반대 면에는 거울을 놓을테니 건너올때는
그토록 경계 했던 나를 똑바로 마주보고
고통을 그대로 마주하고 그렇게 거울과 영원히 함께—

19살, 12개월 중, 반 년

옥수수의 냄새 : 검정의 향

　어제 집으로 돌아오는 길목에서 옥수수 냄새를 맡았다. 따뜻한 연기와 코로 들어오는 고소함…. 막연하게 시선이 내려진 곳은 예전에 오랫동안 서서 옥수수를 고르던 곳. 갑작스레 그 때 그 장면이 눈에 꽉 찼다. 지나온 길을 다시 한번 되돌아본다.

　사람이 뒤를 돌아보는 이유는 다시 돌아올 수 없을 것만 같은 그 곳을, 그리고 다시 보지 못할 것 같은 그 광경을 눈에 담아 기억하기 위해서라고 한다.

　난 서너번 쯤 계속해서 뒤를 돌아봤다. 옥수수가 있었던 곳. 차가 서너대 주차되어 있었던 곳. 사람들이 북적이던 거리. 옥수수를 사들고 사람들이 걸어가던 경로들.

　다시 앞을 응시한다.

'아, 정신차려야지. 잊어야지. 옥수수가 참 맛있었지. 밥을 먹어도 허전하기만 했던 주린 내 배를 든든히 채워줬었어. 맞아. 단지 그 뿐이야.

모순적인.

몸이 부르르 떨렸다. 자꾸만 모를 손길이 스쳐지나간다. 지금이 무더운 한 낮 여름의 정오라 그런가, 햇빛이 보다 더 강하게 비추는건지 눈살이 절로 찌푸려진다.

검정봉지를 들고가는 길거리의 아줌마. 이상하게 날 쳐다본다. 뭐야?..

경고벨을 울리며 지나가는 할아버지의 자전거에 치일 뻔 했다. 하마터면 사고가 날 뻔 했단 말이다.

당황스럽고 무안한 탓에 거울을 꺼내 얼굴을 살핀다. 금방이라도 울것 같은 눈망울에 머리위에 바로 떠있는 눈부신 해를 쳐다보고 큰 한숨을 짓고 계속 표정을 이리저리 살펴본다.

이리도 작았던 말인가. 이리도 초라했던 말인가.

19살, 12개월 중, 반 년

망고 알맹이는 흰 연기를 뿜어내고

서성거리는 발걸음과 허겁지겁 뱉어내는 몇 개의 단어들
두 개의 갈색 동공과 검은색의 두 동공이 탁, 하고
아주 느리게 마주할 때
비로소
아,
그때 난 제자리에 머물렀어야 했었구나.

그 날 저녁은 망고 플랫치노를 먹어서는 안됐네
그 전날 밤 나는, 계획적인 나는
저녁 약속을 잡아서는 안됐었고
그날 아침 나는, 늦잠을 자서는 안됐음을

꺼지는 한숨과 함께 내려앉은 눈썹은 눈을 덮고
가려진 입가에선 말라가는
쩍쩍 갈라져가는 슬픔의 소리.
절대 환영받지 못할 그 외로운 발걸음을
끝끝내 나는 가지고가 툭- 하고 내려놓았다

이제 더 이상 누구의 것도
누구의 잘못도 아닌 결과를 보고있으면
12시간을 꾸역꾸역 채워 자
뻑뻑해져버린 흰자의 겉표면에
뜨겁게 일렁이는 파도 속,
그 틈에 생겨난 빨간 플랑크톤이 보인다.

19살, 12개월 중, 반 년

나는 차디 찬 감기에 걸렸다

 그의 간이 아프다고 한다.
 정확히는 간 전체가 스트레스에 전체가 마비된 듯 하고 팔 다리가 저리다고 한다. 간이 정확히 어떤 일을 하는지 나는 잘 모른다. 또 그에게 간이 어떤 의미인지도 잘 모른다. 다만 확신의 목소리는 나에게 머물러있다. 확신의 목소리 만이 이 안에 있다.

 나이 때문일 수도 있잖냐,
 단지 만성피로일 수도 있잖냐
 물론 가능성을 부정하진 않겠다.

나는 찬 감기에 걸려있다.
알레르기가 도져서 생긴건지
어젯밤 이불에 얼굴을 파묻고
하루 반 나절을
기억의 바다에서
수면위로 떠올라
나 또한 사는 방법을 모색했기 때문인지

19살, 12개월 중, 반 년

쓸모없는 것들의 합

매일 매순간마다 추억속에서 상영되고 있는
그 사람은, 그 주인공은
더이상 그 사람이 아니다

그 영화를 상영하기 위해 내 몸 구석구석을 지나며
곳곳을 불태우면서 나타나는 그 사람은
그 사람이 아니다
망가져버린 부품은 다시 쓸 수 없는 것과
이미 부서져버린 철길을 다시 지날 수는 없는 것
쓰지 않던 근육을 쓰면 아픈것처럼
더이상 쓸모 없는 것들을 쓰는것도 아프기 마련이다

추억속의 주인공인 너와 나는 더이상 주제가 없다
온몸을 다해 따뜻하게 타버린 연탄재는 다시 불을 붙여도 쓸 수가 없다
쓰린 몸을 데굴데굴 굴려가며 불태워보려 해봤자
남는건 쓰린 몸뚱아리 뿐이었다.
온몸을 다해 불태워 상영한 영화의 끝은 찬 감기다
철길도 없이 방향도 없이 그저
상상속을 끊임 없이 달리는 영화
그 영화의 주인공들의 끝은 찬 감기다

그러니, 더는.

19살, 12개월 중, 반 년

독과 함께

 초점없이 지워갔던 하루들을 마주하는 시간이 난 그리도 싫었고, 사람들과 헤어져가면서 점점 먼지 덮여버린 흉터들은 이제 물로 벅벅 씻어도 아프지가 않아. 오히려 그들이 나에게 주고 간 것들은 영감이 되고, 오래 간직해두면 나쁜 동기가 되어버렸어. 더이상 어떻게 관리를 하는 법을 몰라 주위에 두고 그냥 바라보기만 할뿐이야.

 매일 그것의 자취를 찾고 찾다가 오늘 찾은 것에선, 더이상 나는 나타나면 안 되는 존재라는 것을 깨달아 외면하려는 와중에 현실이 그냥 고개를 똑바로, 당당히 들고 있어 라고 속삭일지라도 나는 고개를 들을 수 없어. 난 그냥 예전처럼 사람에 데여서 불안에 떠는 아이일 뿐이야. 도대체 언제부터 네가 내 편이였어?

그래, 그냥 그때와 같이, 예전처럼, 나를 밟고 올라가.
존경해줄게.
독과 함께

눈은 절대 감지 않은 채로 새벽을

새벽 6시
깊은 밤 이었고 아주 어둑했던
난 눈을 나지막히 뜬다
선 잠은 채 가시지 않아
뒤척이며 정신은 희미하다
무엇인가 날 누르고 있어
분명하게 날 찌르고 있어
밤새 건너온 선명한 꿈들 사이로
당신의 얼굴을 헤집어 본다
그 전날, 그 전날, 그 전 날...

19살, 12개월 중, 반 년

아무것도 보이지 않아

아, 그제서야
멀어졌구나, 우린
투명한 눈 너머로
희미하게 어는 뿌연 안개
이불을 머리 끝까지 끌어 올린다
눈은 절대 감지 않은 채로
그렇게 새벽을 또 보낸다
어둠없는 어둠은
참 힘들다

이성 아닌 감성

하고 싶은데
아무것도 할 수가 없다는 게
얼마나 슬픈 일인지
힘이 드는 일인지
당신들은 알아야 한다

묵언 수행, 접근 금지, 침묵 시위 같은 것들
평생 골병난 차가 즈려밟고 지나갔던
후유증인 것을
당신들은 알아야 한다

이성이 아닌 감성으로,
당신들은 느껴보아야 한다

19살, 12개월 중, 반 년

당신들이 느껴보지 못한 구역을
경험해 보아야한다

늘 그렇 듯 냉정하게,
당신들이 그토록 말했던 그,
상식적인 선

감성보단 이성적인 선에서

초라한 의미의 결론을 처음 적던 날

손안에 남은 단어들

 조용한 연기에서 뿜어져 나오던 일요일의 향기, 어디부터 문제의식을 품었는지 알 길이 없는. 이제 습관이 되어버린 것들. 이대로 가면 문제가 정말 만연하겠다 싶으면서도 되찾지 못하고 있는 삶. '힘내자' 라는 말 대신 모두가, 모든 것이 그저 지나가 버렸으면 하는 삶. 이렇게 사는것도 사는 방법이라는 초라한 의미의 결론. 닥쳐오는것들에서 전혀 의미를 찾을 수가 없고 무엇이 중요한지, 무엇이 무엇인지도 모르겠고, 또한, 또한, 그리고, 그래서, 라는 몇몇의 손 안에 남은 단어들로 계속해서 생을

19살, 12개월 중, 반 년

이어나가고 있고, 주린 배는 눈치없이 빌빌거리기만 한다.

  손목과 팔에 힘을 줘야하는 순간들을 알면서도 계속해서 나는 펜을 놓치고, 펜은 손을 뿌리치고, 남겨진 혼자인 것들에만 온 신경을 부어버린다.

낡은 시간에 깨닫는 것들

난 이 모든 것을 저지른 후에야 깨닫습니다
이런 감정, 그리고 볼품없는 플러스 펜 한자루.
절대 잊을 수 없다 내 뱉은 수 천만 방울의 잔증들을,
근데 어째서 내 손 위를 떠나가고 있는 거냐고요.
아픔에선 기억이 오고, 그 안의 고통을 잘 새겼고, 난 차분히 물을 먹어갔지요
숨통을 조여왔던 당신도 결국은 나의 환상으로 밝혀졌던 그날도.
바늘로. 칼로. 묵직하고 날이 잘 선 돌로.
당신이 날 파헤치고 갈기갈기 찢어준다면
내가 마신 이 물들을, 터져버릴 듯한 이, 뱃덩어리와,
모든 것들을 토하기에도 적절한 시간이 되겠군요.
낡아버린 시간이 되면 항상 저는 모든 것을 자각하곤 합니다

19살, 12개월 중, 반 년

손 안에서 사라지는 것들과 의미없는 하루를.
가치가 있는것과 없는 것들 모두의 무가치를.

세상의 시간은 모두 하나로 통해 결국 하나로 흐르고 그
것은 결국—.

A, 절대 쓰이지 않을 알파벳

 계획적으로 내가 하려했던 건 이게 아니었어. 실패한 내가 자초한 것들. 불타오르는 관계와 후에 쉽게 바스라지는 재들. 이제 절대 쓰이지 않을 알파벳은 A. 그 기간이 또 날 짓눌러. 무서워서, 태우고 또 태워서 남은 재도 태우고 결국 아무것도 남지 않겠지. 그냥 관계가 끊어지는게 이렇게나 힘든데, 무서워서 난 이렇게 온몸을 붙잡고 가시덤굴을 구르고 있어. 피가 흐르는데도 그 동공은 날 바라볼 수 없게 되겠지. 계획에 실패했으니 네 몸을 모조리 감춰버려.

내 몸의 완전한 세포들아
내 뇌의 핏덩이 들아
그만 활동을 멈추고 네 온몸을 모조리 감춰버려.

19살, 12개월 중, 반 년

차라리, 아주 차라리, 애초에, 같았다면. 애초에 서로가 서로에게 아무것도 아닌 삶이었다면. 더 이상 태울 것도, 남길 것도 없을텐데. 이건 계획적인 내가 실수한 탓이야

얇은 실핏줄로 엮인것

 한 사람만의 부패는 너무도 당연하다' 그리고 현재. 나는 도대체 그걸 '긍정'하고 싶었던 걸까 '부정' 하고 싶었던 걸까. 내가 몇 년을 어떻게 살아왔는지 조차 잘 읽히지 않는다. 무언가를 동경했고 그걸 가지고 싶어했다. 그걸 가지고 나선 깊이 없는 지속적인 후회. 그걸 묻어두고 묻어두고 언젠간 꺼내고 영원히 언제까지고 다하겠다고 다짐했었다. 평생 죄책감을 가지고 살겠다고 다짐했었다. 더 이상 가질 필요도 없는데 얽매여 있었다. 아니, 이걸 쓰는 동안 지금까지도 무척이나 괴로운데 이유는 한 가지다. 사소함의 공간. 내 몸은 사소함이 70%를 차지하고 있었던 것이다. 아니 이제 사소한건 다 필요없다. 초라해져 버렸다. 초라한 결론만 남겨져 있었고 초라함은 익숙해져 버렸고, 초라함에 익숙해진 난 없어지는 것들에 또한 익숙해졌다.

　어제밤은 이유없이 눈물이 고였다. 그저께 밤은 울었다. 오늘밤은 도대체 어디쯤에서 방황을 할까. 두려움으로 꽉찬 벽에, 금간 구멍사이로 고요함을 밀어내는 공기들덕에 수면은 날아가 버렸고, 오직 생에 대한 고찰만이 남아있었다. 눈 앞에는 내가 좋아하는 영화한편이 틀어져있고, 그것은 나에게 생각을 끊임없이 주고 있다. 가족, 정신병, 내면, 설렘, 그리고 주기적인 비참함.

3시간 후, 그녀는 그렇게 우울감으로 샤워를 끝마쳤고 차가워질일 없는 빨갛게 탄 실핏줄들은 이미 이상한 소리와 이상한 생각들로 섞여져있었다. 그리고 올려다 본 바깥의 하늘은 같은 공간에서 다시 시작되는 거짓말만 가득한 하늘 치고는 연푸른 빛을 띠며 순수한척을 하고 있었다.

 그래서 그녀도 결심했을 것이다. 아무도 모르는 나는 아무도 모를 것이고, 오늘의 나는 아무도 모를 것이라고. 그래서 다 지우고 항상 새로 시작할 수 있을 것 이라고. 하지만 그 결심은 100m도 채 가지 못한 채로 항상 사라져만 갔다.

THE End

19살, 12개월 중, 반 년

살인 고백

　오늘도 한명을 죽였습니다. 며칠전에도 고백을 하고자 하였으나, 변명같은 나날들이 지나갔습니다. 거의 이틀, 혹은 사흘에 한번씩 밥을 먹듯 살인을 하는군요, 이젠 죄책감도 느껴지지 않습니다요. 너무 미안하고 미안한데 그게 그냥 쌓여가기만 하는 것 같아서 답답하기는 합니다. 미안할 짓을 안하는 게 무엇보다 맞는 일인데 지금의 저는 도통 한심하기 짝이 없습니다, 미안한 사람들의 눈동자를 마주할 방법이 없어 머릿속이 복잡한 와중에 난시가 생겨버려 다행히라 생각해 좋긴 하다만 그 덕에 봐야만하는 걸 보지 못하는, 아니 안보는 제가 죄송합니다. 언젠가 쌓여버린 이 답답함과 미안함이 터져버리는 날에는 무엇이 날 처벌하게 될까요. 혹여 제가 자신을 용서하고 사죄하거나 합리화를 하는 날이 올까요. 그런 날이 온다면 무슨 말로 저를 감싸야 할까요. 무슨 이론과 무슨 병명으로 제 자신을 변호해야 저를 버리지 않고 살 수 있을까요. 또 죽일까요, 아예 제 자신을. 언젠가 그게 맞는 방법이 되어버릴까 두렵습니다.

그림자를 벗어나는 동공들

 붉은 사과가 눈앞에 놓여져 있다―

 노란면도 있고 삭은 면도 있겠지. 군데 군데 점들도 있어. 그렇지만 자꾸만 위에 박혀있는 이것 때문에 사과를 먹을수가 없어. 아주 강인했고, 조용했고, 폭력적인 날이었지. 나는 어떤것에도 절대 동요치 않을 것이지만, 무료했다는 것에 끌려버렸어. 그리고 아주 고독했다는것에 굴복해버렸어.
 그 굴복이 오로지, 온전히 나의 것이 아니었다는 걸 나도 알아―저 사과를 지금 먹어야 할까―. 다 폭파시켜버리고, 다 죽여버리고싶어, 혹은 같이 죽어버리고 싶어.
 비가 오는 밤이었어. 그게 씻겨주는거였으면 무지 좋았을 텐데.

19살, 12개월 중, 반 년

충격은 반의 반이었지만, 이렇게 살다간 정말 아니겠구나 싶다가도 네모의 빈칸도 다 채워버리고 없애버렸지 뭐야.

한편으로는 이해하면서도 한심해. 이기적이고 단호하면서 일방적이야. 그렇지만, 그럼에도 불구하고 지금 내가 이 사과를 손에 쥐지 못하는 이유는 어디에 있을까. 그게 본능이냐, 이성이냐의 문제지. 점점 커갈수록 질문이 많아져. 반감은 커지고 두려움은 내 몫이 되어버리지.

뚝-, 뚝-, 비가 떨어져. 더 오는건지, 어제 멎은건지. 피곤하고 나른해. 아 느낌이 너무좋다, 이젠.

마치 아주 어릴 적 행복했던 우리 가족의 햇살같아. 정말이지.

네모 하나뿐인 새벽

 온몸의 잔 근육들이 아파한다. 소리를 지르고 날 제발 꺼내달라고, 그렇지만 난 그들을 꺼낼수가 없다. 기억하고 있는게 많은 그들을, 너무 많은것을 동경하는 그들을.

 찬 공기는 매번 환기를 가져다 주었다. 항상 그랬고, 어느때나 그럴 것이다. 과연 환기라는 것은 나에게 어울리는 것이었을까?

 분명히 나는 기분이 좋았는데, 그림을 받을 생각에 들떠 있었는데, Home을 Save Money 로 뒤집고 깨진 머리를 부여잡은, 그제야 잡은 것도 나고.
 그날 밤. 운 것도 나고 담배를 피운것도-수개비-나고,
 그러면서 캐모마일티와 붉은 유리잔을 준 사람─R이 선물해준 컵─도 나였고,

19살, 12개월 중, 반 년

기억을 기억하며, 끔찍하고 소름돋는 면, 그 안에 있는 것도 나였고,
지금도 나다, 모두 나였고, 끔찍이도 나다.

죽었어야 했을까. 라는 생각이 들 쯤 동시에, 내가 안 했다면. 내가 안왔다면. 아니 애초에 내가 아니었다면.
그 쯤 어딘가에선 나 말고 하나의 얼굴이 또 뜯겨져 나가고 있겠지.

아니, 라고 말하면서 이제 사실을 절대 말하진 않겠다며 다짐하고선
그냥 그래, 라고 말하면서 나, 너무 힘들었으니까 이제, 아무에게도, 다신.
잊어버릴래. 라고 생각하면서 머릿속으로 계속해서 동그라미가 아닌 네모를 그린다.

네모하나뿐인 새벽을

관성과 그 반대인 두 손

나는 관성이란 것을 대단히 싫어한다.
내 몸의 관성은 아주 대단한 것이라, 이미 잊은 것에서도 혹은 잊혀진 것에서도 깨달음을 얻으려 한다. 안좋은 것에서도 좋은것에서도 뭐라도 끄집어 내려고 애쓴다.

그러니까 뭐라도 좋은 것들을 발췌하려고 계속해서 파고드는 관성인 것이다. 추억이면 추억이라는 명분으로 어느 밤이되면 그것들 중에서 하나를 꺼내 되새김질 하곤 한다. 그래왔던 시간에 미안해하며 계속 그래야 할 것처럼, 계속 그래야만 내가 살 수 있을 것처럼 한다.

그렇다면, 나는 무엇때문에 힘들어하는가
날 힘들게 한다면 그것은 버려져 마땅한것인데도 그 무엇을 붙잡고 놓지 못한다

19살, 12개월 중, 반 년

  그렇게 힘들어 밥을 제대로 먹지도 못하고 지냈다면
가지고 가야할 가치가 없는것인데도 그 무엇의 정체를
헤집어 찾으려 하는 쓸모없는 관성이 나에겐 있다

그리고,
그 무엇때문에 손이 떨린다면 그만하라는 것인데도
새어나가는 것들을 자꾸 붙잡으려하는
떨리는,
쓸모없는 두 손이 나에게 있다

그리고, 2달

(나는 고쳐야 할 점이 많다는 것을 안다. 알면서 안고치고 있는것이 아니라 그냥 내가 노력하고 있는걸로 봐줬으면 좋겠다.)

어떻게 살아야 맞는건지 모르겠다고 적는다. 어떻게 해야하지? 또 어떻게 살아야 하지? 담배는 태워도 머리가 하얗지 않아. 까만 내 속과 머리는 도무지 뭔가를 할 생각을 하지 않는다. 금이 간 발목에 불타는 걸음에만 집중해봐. 어디에 향하는 것이 맞는 것인지 알려주면 좋겠어. 이제 더 이상 어찌할 수 없는 나에 대한 얘기들과 떨리는 손목은 매우 공통적이다. 이젠 더 이상 어찌할 도리가 없다. 누군가 와서 안아주며 괜찮다고 무시하라고

19살, 12개월 중, 반 년

해줘도 오늘은 선을 넘어버렸어. 아니지, 내가 선을 일부러 넘은거라고 해두자. 그러니까 내가 떠안고 갈게. 그저 옆에서 내가 아파하고 당하는걸 지켜봐. 그리고 이게 얼마나 힘든일인지, 세상이 얼마나 나쁜건지 온몸으로 느껴봐. 그것만으로 네 역할은 끝난거야. 나는 너에게 그걸 전달한걸로 만족해.

새로운 누군가를 찾는건 내가 다시 무너졌기 때문이야. 내가 멍때리게 되는건 약기운이 오늘 아침도 여전히 우울하게 만들기 때문이야.

……
(사실 더럽게, 추하고 더럽게, 딱하고 더럽게, 땅밑까지 손을 집어넣어서 더럽게 잡은 그 손은 그리 오래 갈 것 같지는 않아.)

의식의 기록과 뼈의 나이

1

 내가 기록하는 이것은 사실 에세이가 되지 못할 것이라고 생각해 왔다. 잘 알고 있지만 계속 쓰는 이유는 내가 살아있음을, 그리고 살아있었음을 알리려는 노력인 것이다. 그리고 어쩔때, 아니 거의 많은 순간이 글이라기보다 증상의 기록이라고 느낀다.

 본질적인 이유는, 내가 찰나에 느꼈던 생각, 사고방식의 확인(입증), 그리고 무의식의 기록이다. 그때부터 난 쓰기 시작했고 기간을 보면 다 어느때, 어느 순간인지 나는 안다. 물론 내가 썼으니까 나는 알겠지. 뭐 그것보단, 순간순간이 뼈에 기록되는 고통을 수반한 감정들에 뒤덮여 있었으니 아는 것이다. 글을 보고 전부를 아는 건 나도 힘들다. 보통사람들에게도 여간 쉬운일은 아닐 것이

19살, 12개월 중, 반 년

다. 물론 기억하는 사람들도 있겠지만 난 내가 쓴 거의 모든 글을 말하는 것이다. 날짜만 보고 모든 시간대의 일어났던 일을 기억한다는것은. 내가 일부러 기억하려고 하는것은 아니다. 기억력이 좋은것도 아니다. 기억력이 좋다고 자랑하려는 것도 당연히 아니다. 근데 몇년동안의 일을 날짜만 봐도 감정, 시간, 장소까지 다 기억하는 나는 도대체 뭐냐.

2
 이런 생각을 하면 안되는데 내가 불쌍하다. 가끔 보면 글이 너무 처량하고 암울의 끝에 있다. 억지로 누가 매일을 끌어내리는 것처럼 끌려들어가 깊이는 더해지고, 결국은 자기 발로 계단을 끊임없이, 닳고 닳도록 내려가버린다. 낮은 자존감에 과한자기애과 부정적 자동적 사고는 1초도 날 쉬게 두지 않기에.
 안타깝다. 얼마나 힘들었을까. 정말, 확 그냥 안좋은 생각도 많이 들 수 밖에 없겠다. 그렇지 않으면 이정도로 극단적인 감정들은 나올수가 없다.

'난 나를 버릴수가 없으니 다 안고 갈거다. 왠만한 나는 내가 다 껴안고 가고 싶다.'

이게 몇년동안 파고들고 나서 깨달은 본질의 문제였다. 어둡고 검은 나는 제거해야하는데, 제거해도 되는데 다 떠안고 가고싶었나 보다. 그리고 지금도 그러고 있다. 뭐하러 그러고 사나 싶다. 나도 나를 이해할 수 없다. 주변에선 마음이 너무 여린 탓 이라고 한다. 잘 모르겠다.

3

내가 사랑하는 사람들이 나와 같은 고통을 겪지 않았으면 좋겠다. 모든 희생을 하면서도 그들이 나를 보고 나아졌으면 한다. 내가 어디까지 개입을 할 수 있는지는 모르겠지만, 난 묵묵히 내 길만을 가는게 답인지도 모르겠지만, 내 역할이 사실 뭔지도 모르겠지만 그냥 아무튼 내 기록을 보고 다른사람이 아프지 않았으면, 똑같은 아픔을 겪는일은 없었으면 한다. 답은 정해져있다.

그런데, 그렇다면, 피폐해진 나는 어디에 있어야 하나.

auch 0207

19살, 12개월 중, 반 년

Be sein

   누군가를 생각할 긴 여백이 생긴다는 것. 자꾸만 그 웃음이 떠올라 무엇을 적을지 갸우뚱 하는것도, 사물을 볼 때 거리를 걸을 때 커피를 마실 때 조차 그 여백에 스며들 누군가를 떠올릴 수 있는 건 아직 우리는 비어있는 존재이기 때문이 아닐까.

   그 사람에게 혹여 연락이 올까, 내가 이 펜을 들고 무언가 만들어 낼 수 있을까 하면서—.

   하지만 반대의 날, 나는 확률을 모른다. 그래서 그 확률만큼 더 텅 비어있는 건지도 모른다. 애초에 기대조차 하지 않아서, 열정도 식어버리고, 결국 모든 것은 무(無)가 되버린다.

나는, 과연 내가 아는 내가 맞을까
내가 보는 나는, 내가 맞을까

나를 경계하고 의심한다
고개를 갸우뚱하며 웃는 나는 사람이 맞을까. 기억을 뒤집어 펼쳐보면 얼굴카드가 한 장씩 없어지고있다. 내 이야기는 어디부터가 진실이고 어디부터가 거짓으로 판명이날까. 내 이야기는 사람들에게 과연 얼마의 값으로 시장에 팔려나가게 될까.

세상에 마음대로 되는일은 없다고해서 그 삶에 안주해버리는 것이 과연, 이런 고질적이고 팍팍한 질문에 답을 내리려고 할 때면 한심하다

그렇게 계속 붙들고 있자니 숨이 막혀온다 순간 눈을 뜨니 숨을 참고 있는 내 자신이 느껴지지만 정신을 차린 나는 숨을 쉬려하려하지조차 않는다 트인 숨은 뭐가 다를까 싶어 다시 생각에 잠기니 눈이 자연히 감긴다

19살, 12개월 중, 반 년

발신자도 수신자도 없어져버린, 이름없음

그때 난 애써 숨을 골랐고, 너는 자고 있을 시각이었다
7시간의 시차는 너의 새벽시간이었다
겨우 잠들었을 너를 깨우고 싶진 않았다
너 편하자고 연락했더라도
그렇게 연결되었던 하나의 문제에서
난 빠져나올수가 없었다

매사에 침착하고
똑똑한 사람이라는게
맘에 안드리라고 가정을 해본다
과연 이게 사실이라면
드러낸 것이 실수와 아쉬웠던 관계인거다

내 상처와 슬픔을
너에게 말했던 것이
너는 싫었던것이라고 가정을 해본다
이것도 사실이라면
그럼 실수라기보단 처음부터 잘못된 관계이다

그렇지만, 그랬어도, 그러기엔
우리사이에는
미처 단단해지지 못했던 빈공간들이
빼곡히 채워져 있었고
빠짐없이 몸부림을 치고 있었기에
역겨운 냄새가 나는 시간이 더 흐를 수 있었던 것
그제서야
누가먼저 '그만'을 외치느냐의 문제보다는
누가, 먼저, 간사하게, 혼자, 빠져 나올수 있느냐에 대한
생각뿐이었다.

19살, 12개월 중, 반 년

처음에 침착했던게 후회라면 후회고 감정을 이빨로 드러내지 못한게 아직도 응어리져 남아있는게 간헐적으로 네 생각을 불러와서 얼굴이 스쳐지나가곤 한단다. 너에 대해 사죄의 편지를 써보고 사과하려 카톡도 해봤지만, 우리는 결국 맞닿지 못했었지. 모든걸 알아버린 지금, 생각해보면, 내가 한짓이 모두 바보같아. 나를 그렇게 원망하고 있었는지 모르고 있었어. 내가 너에게 그렇게 상처를 준거라면 차라리 화를 내지. 비겁한 방식으로 대응했던 너에게 이젠 나도 실망하고 손을 놔버리게 되었어. 널 위해 샀던 그림도, 자주듣던 노래도, 때때로 적던 편지도—버리지 말아 달라 당부해서 아직까지 간직하고 있는—이젠 다 기억속에서도 버릴수가 있겠지. 어차피 결말까지 너가 선택하는 거였으니까. 너에게 선택권을 준건 나였지만 이런건 바라지 않아서 이제와서 너의 죄책감에 못이겨 멋대로 아무렇게나 사과했던 건 이해 할 수 없어. 이제 많이 달라져서 우린 서로 이해할 수 없이 되버린 거라고 생각할게. 9월 중순이구나. 그땐 널 정말 아꼈기에 절대 널 원망치 않았었는데 지금은 너도 알다시피 '남' 이라서 널 자주 원망해. 넌 날 몇 번이고 버렸다는거. 벌써 그날들이 다가오는구나. 잘 넘겨.

먼저 내 삶, 옥중편지

먼저 난 내 삶이 살고 싶었다

그럴듯 하다는 글은 이제 더 이상 쓰지 않는다
메모장에 영감 비슷한 조각들만 메모장에 작게 남겨둘 뿐. 숫자 하나 바꿔놓고 먼 옛날 얘기보듯 멀리서 난 힐끗 힐끗 쳐다만 보고 있다. 자꾸만 쌓이는 원고 같은 이것들이 난 두려워서 더는 쓰지 않는 걸까? 왜 두려워서 쓰지 않는 걸까? 글을 쓰려면 난 온 하루의 에너지를 모두 갖다 공책에 쏟아 부어야 한다. 그럼 다시 생각해 보면 난 글을 써서 행복해 지는 사람인지 아님 행복해지고 싶어서 글을 쓰는 사람인지 따져봐야한다.

19살, 12개월 중, 반 년

그러니 먼저 고개를 숙이고 미안함을. 글을 쓰기전에 나는, 고개를 숙이고 글을 써왔던 문인들에게, 내가 존경하고 동경하는 시인들에게, 작가들에게, 평론가들에게, 글을 사랑하는 모두에게 미안함을 표해야 한단 말이다. 날 살렸던 것도 글인데 죽일 수 있는 것도 글이란 것이란 말이다.

그때를 생각해본다

오히려 글을 쓰려면 한없이 우울해지며 그렇지 않으면 붕붕 떠있는 존재가 되버리기에 스스로 그게 너무 안타까웠던 때, 잡을 수 있는게 펜이서 그게 왜 하필 글이었는지, 나 자신도 이유는 잘 모르지만

그때 난 그냥 내 삶이 살고싶었다.

> 서운할때는 오히려 어른스럽게
> 생각하곤 하는데요, 가끔은
> 그게 더 서운하더라구요

    어떠한 계기로 인해 한 사람과 친해져 많은 시간을 그와 함께 보낼 때가 있었다. 처음에는 알지 못했다. 그와 보냈던 시간은 내 인생에서 중요했던 시간이었고 또 내가 충분히 외로웠으며 보살핌을 받아야 했던 시간이었다. 그 사람과 거리를 갖고 나서 알게되었다. 같이 보냈던 시간의 언저리에서 누군가 나에게 그 사람을 보내줬었던 거구나.

    그러니까 지금은, 그 사람이 없는 시간은 아파해야 할 게 아니라 중요한 사람을 보내준 것에 감사해야 하는것을 알게되었다. 이별을 하고나니 알게되는것이 있긴하더라. 방법에 방법이 없을때까지 그리워하는 순간까지 가닿다 보니 깨닿게 되는 것이 많아지긴 했다. 과거라고 해

19살, 12개월 중, 반 년

도 나의 인연들과 함께했던 그 시간과 순간들은 아직도 많이 빛나고 있으며 그 인연들은 중요한 시간을 나와 같이 보내줬다는 것에 감사를 전한다. 어떻게 보면 이렇게 아파할 수 있음에도.

  지나고 보면 중요하지 않은 때와 중요하지 않은 인연은 없는것 같다. 잘 들여다 보면 인연이 흘러가는것은 이상한 것이 아니다. 당연한 것은 없고 당연하지 않은 것 또한 없다. 그렇다고 모든것에 중요성을 두고 살긴 힘들다. 뭐, 살다 보면 그저 답이 나오겠지. 그 대신 신념을 가지고 살기. 이것이 소중한 사람에게 배운 아프면서도 사는방법이다. 물론 못 지키고 있는것도 산더미지만.

  난 그저 고집을 부리며 매달리고 있었던 내가 어려서, 그래서 그 사람이 서운하게 느껴졌을 뿐 이었다.

역류성 식도염

 어르며 위를 보고 참던 눈물 한바가지가 마침 그 순간에, 당신이 그 문장을 내 뱉던 때에 맞추어, 그때 그날 부어버린 눈가를 씻겨주는 것처럼. 미안하다고 쓰다듬어 달래주는것처럼.

 그렇게 따뜻한 한줄기가 뺨을 쓸며 내려왔다. 1시간 동안 꾹 참아왔다는 것을 증명이라도 하는 듯 따뜻했고 굵직했다. 옆에서 봐도 아마 눈치챘을 정도 였으리라.

 다시는, 다신, 다시는, 절대로, 절대, 절대, 라고 다짐했었지만 모든 다짐이 무너지는 순간 동시에 경계가 풀렸다. 이런 순간은 오지 않을 것이라고 생각했었다. 순간 구역질이 나올 것 같았다. 보통 10년묵은 체증이 내려갔다고 하지않나, 근데 난 음식물을 소화하지 못하는 편이라 절대 소화하지는 못하고 끙끙앓기만 하다가 결국 토

19살, 12개월 중, 반 년

를 해버린다. 덕분에 역류성 식도염을 달고 산다. 나는 그의 말들을 소화시키지 못했고, 이제 보이지도 않는 검고 검은 그에 대한 썩고 묵은 감정도 아무것도 소화시키지 못했다. 대신 토해버렸다. 헛구역질이 계속해서 나왔고, 내 입에선 계속해서 냄새가 났다. 배가 불편하고 갈증이 나 물을 계속 찾았으며 더부룩해진 배에 쉬이 잠에 들지 못하였다. 담배를 입에 물었더니 연기가 가시처럼 입안에 들어와 사방을 찔렀다. 그냥 담배를 버리고 요즘 자주 듣는 노래를 틀어놓고 새벽 하늘만 서서 바라보다가 3분을 세고나서야 집에 들어왔다.

eternal sunshine

'망각한 자는 복이 있나니 실수조차 잊기 때문이라'
니체, 「eternal sunshine」

 저 단단한 겉표면을 흰 앞니 두 개로 그리고 어금니로 깨뜨릴 때. 검은 파편은 입 밖으로 튀어나오면서 동시에 입안을 휩싸고 도는 알싸함. 몇 번이고 턱을 움직여 알싸함을 내 것으로 만든다. 한기가 올라오면서 코 끝을 찡그린다. 그러고 나면 안개냄새가 나고 나는 습관적으로 그 냄새를 계속해 맡는다. 나는 습관적으로 졸음 껌을 씹곤 한다. 누구는 껌을 많이 씹으면 턱이 안 예뻐질거라며 자제 하라고 하지만, 난 껌을 씹으면서 내가 할 수 있는 것들을 마음껏 하곤 했다.

19살, 12개월 중, 반 년

"저 검은 표면을 벗기면, 깨뜨리면 알맹이가 나오겠지. 그 알맹이는 추울거야. 입고있던 것을 다 벗었으니, 그리고 아름답겠지. 무엇도 꾸미지 않았으니, 또 순수하겠지. 하지만 알맹이 안엔 아무것도 없을거야. 그래서 내가 덮어줘야만 해. 아무도 건드릴 수 없도록."

* 10시 1분, 이미 난 흩어져 그곳에서 명멸한 후.
 내가 날 생각할 때의 어리석음과, 내가 날 생각할 때의 혼란, 분노. 과연 어리석음 한가지일지, 아쉬움과 실망, 그리고 남겨진 미련 이라는 것은 없는건지. 궁금해지려 할 때마다 눈을 감는다. 더는 볼수가 없다.
 너무도 어린나이에 힘겨웠기에 더는 진정될 수가 없다는 것을 잘 알 마음이 남아있을까. 단순히 가벼운 마음에 가벼운 생각이지 않을까.
 우울. 이라는 감정으로는 턱없이 부족했다. 처음 겪어보는 부정적인 감정을 알 길이 없었다. 이 텅빈 속을 축이기엔 한 없이 목말랐다.

말라 버렸기에 더는 울 수도 없었다. 이젠 정말 시간의 문제라고, 어서 빨리 이 고통속에 날 꺼내달라고 말하고 있었다. 아름답기 위해선, 난 절대, 살아있어선 안된다. 이제는 사라져야만 하는 것들. 상처 때문에 없어져야하는 것이 아니라 고통 때문에 없어져야하고 미련 때문에 있어선 안된다.

19살, 12개월 중, 반 년

* 케케묵혀왔던 2016년을 불태우면서,

1. 사실 그녀는 5년 전 순백색이 아니었다. 색은 없었을 것이고, 또한 섹도 없었을 것이다. 누군가 칠해줄, 누군가 덮어줄 그런 필요를 원했을지도 모르겠다. 아니, 어쩌면 손길이 싫었을 수도 있겠다.

자신이 색이 싫었을 것이고 결국 덮어지지 못하고 씻어지지 못했던 자욱들이 마냥 싫었을 것이다. 어려서 였을까, 머리가 뜨거워지는 회상의 장면들, 비로소 맞이 했었던, 다시 마주했던 두손과 두 개의 심장. 그러니까 어떻게 보면, 어떻게 생각해 보면 그래. 그녀는 그 0.8의 포근함과 0.2의 예의라는 얼굴을 너무나도 보고싶었던 걸 수도.

2. 고통은 스스로 떠안고 처리하는 것

3. 그때와 그때가 다른건 아닌데 그때와 그때는 사실 매우 맞닿아 있었던 것인 동시에 무척 다른 선에 두 개의

발을 걸치고 있었던 것이었다.

 4. 그녀는 밤낮으로 복통을 호소했고 이리저리 쏘다니며 눈빛을, 표정을 갈구했고 여기저기로 뿌려져있는 그 밤의 '시간들' 따위라 부를 수 있는 글자들을 주워 담으려는 명목으로 눈물을 여기저기에 흩뿌리고 다니고 있었는지도 모른다.

 5. 비정상적이었음을, 불이라고 적고 불이라고 느껴지는 것. 그곳이 아님을 알면서도, 오히려 흠을 찾게 되는 것. 무의미하며 감명깊은 회의 쯤 어딘가가 아닐까. 알면서도 실천할수 없는 것들. 거기에 난 돌을 던진다. 이 글자들에 난 칼을 꽂는다.

 6. 내면의 습관들은 틈틈이 껴 있는 이것들을 증오한다. 고통속에 살고 불안속에 사는 이 물질적인 것. 태워버린다. 그리고 또한 박멸해버린다.

19살, 12개월 중, 반 년

지금, 이 행위는 너를 위한 것이 아닌, 또한 나도 아닌 당신이 보지 못할 결론을 위한 다짐.

7. 난 내일 저것을 모두 불태워버린다.

8. 지금 내 상태는 언제 회복될 수 있을까.
그리고 그때가 오면, 그때면 가능할까

2부,
거울을 마주하는 순간들
: 태어나서 처음으로
Zum ersten Mal in meinem Leben

새 담배가 있다. 냉장고에는 맥주 3캔과 새 베이컨이 있다.
서랍에는 뜯지도 않은 스파게티 번들이 있고
그 언젠가를 위한 황태해장국이 있다.
나는 이렇게 살고 있다. 조금 더, 조금- 더를 외치면서
매일 내일, 내일-로 살고 있다.
사람들과 있는 것이 힘들고 외롭다고 느껴져서 혼자가 되면
그것 또한 괴롭긴 하다. 그렇지만 이젠 편하기도 하다.
내 감정들을 내것으로 소유하고 되뇌이기가 힘들어
그냥 생략해 버리곤 한다.
약에 의존했던 하반기와, 기억엔 병원밖에 없는 하반기-.
좋은 일들은 어디에 존재해 있는지 모르고
똑같은 나만 여기에, 존재하고 있다.

오롯이 밤을 견디는 마음에게

 말 한마디로 위로가 될 순 없겠다. 내가 아닌 누군가가 해줘야 하는 일이 있음을 알게 되었다. 혼자만이 할 수 있는 일들도 알게 되었다. 그리고 학기 중 필기감이 좋아 충동적으로 샀던 펜이, 지금은 별로 좋지 않다는 것도 알게 되었다. 그러니까, 내 손이 떨려서 이 펜을 쓰기에는 힘들다는 것을 알게되었다.

붉은 선의 잔존

아무도 보려하지 않는 어둠속에서
붉은것들을 마주하고 앉아있어

누구도 볼 수 없는 어둠속에서
나는 자꾸만 찾아다니려 해

붉은 잔상과 매혹적인 나선들
누구에게나 보여질 의미를 갖고있는 것들

(어젯밤에는 두 개를 먹고, 오늘은 세 개를 먹었구나)

목을 그으려다가 참고, 자자 그냥
배를 찌르려다 참고, 그냥 자자 오늘도
이럴거면 차라리 목을 옷걸이에 걸어두자

그 곳에는 삼시세끼와 좋은 치료, 정기적인 약물
가끔은 피터지는 싸움과 욕지거리들
나보단 낫겠지, 차라리 감호가 좋은 것이겠지
그럼 나는 어디로 갈까?

오늘 당장 죽을 수도 있겠다는 생각을 하지만
내일 할 일이 있음에 역겹다
하루하루를 그냥 견디는 것도 아니고
버티는 것도 아닌 연명보다 그저 잔존

아무도 보려하지 않는 내 어둠속에서
붉은 것들과 함께하면서
나 또한 붉어지기를 고대하는 날들의 연속선

비관주의자가 버리는 법

꼿꼿하게 서서 토를 한다는 것은
그것은
살아갈 희망이 더는 없다는 것이다

허리를 펴고 척추를 연다음
내 안에 있는 모든 것을 다 개워내는 건,
오늘의 나를 버리는 것은 아닌,
이전의 나를 버리려는 것도 아닌
다만 과거 현재 미래의 모든 나를

오늘은 나와 비슷한 어느 비관주의자를 생각하며
내 안의 것들을 모두 버린다
또한 나는 나로 인해 계속해서 버려진다
나에 의해 버려진다

20180628 폐쇄병동 입원 일기

 아무일도 없었어요. 분명하게도, 아무일도 없었던 거에요. 3일동안 밤을 새고 시험을 보러갔는데 손이 떨리는 바람에 뇌가 떨리는 증상으로 착각하고 답안지에 링겔만 효과와 인지부조화를 헷갈려서 잘못쓴거 말고, 시험이 끝나고 집으로 가면서 Oasis의 'Don't look back in anger'를 듣고있는데 엄마가 전화한거 말고요. 갑자기 그냥 다 끝내고 싶어졌어요. 버틸만큼 정말로 다 버틴건가. 그런생각이 들었어요.

 처음 입원한 소감을 묻는다면 공황과 우울과 편두통과 불안과 괴로움들이 무너지듯이 섞이는 것이라고 하겠고, 오늘 기분은 어땠는지, 아침 회진한 교수가 묻는다면

"있잖아요, 얘기를 하려면요, 먼저 죽어야 해요, 아니 그 전에 먼저 약을 먹어야 해요. 나는 이미 죽어있었거든요? 근데 당신들 때문에 아직 코 끝에 숨이 붙어 있던 게 생각이 나서요, 그래서 말인데, 그때 일을 다시 묻는다면 전 죽어야 해요."

어디에 걸어야 하는지를 모르고

비냄새와 책냄새. 흙냄새와 밴드음악의 냄새
축축한 듯 건조한 공기의 냄새와 돈의 냉정한 맛
더운날의 습기와 추운날의 잔류했던 온기
누군가를 떠나보내기엔 적당했던 날씨
빈 공간의 꽉찬 감정을 빈공간으로 다시 메꾸고
울음소리는 돈을 지불하지 않은 옛 음악으로 채우고
내가 드러나지 않길 원했던 그림은 어디에 걸어야 하는
지를 모르고

나는 늦었다

아무리 행복해도 나는 누군가의 곁에선 절대 행복함을
느낄 수 없다는 사실을 망각했다.

다 지우고 기억을 잃는다
새로운 환경속에서 다시 희망을 얻는다
그런데 난 다시, 자꾸만 돌아간다
그곳에는 절대 희망이 없다
누군가의 시선을 모른체하고
누군가의 챙겨줌을 받으면서 살아있다
그곳에서 자아는 죽어있다

니코틴에 다시 불을 지핀다
이곳은 따뜻하다

동시에
이곳에는 거짓말이 가득하다
자연속의 평화라는 거짓얘기들
휴일을 즐기러 오는 사람들의 분주함
그 속에서 이기심외에 다른 마음은 찾을 수 없다

눈물은 억지로 참지 않는다
학습을 통해 배운것은 이것뿐이다

혼자의 시간은 없다
돌아가고 싶은 곳도 사라져간다

너무 익숙해지면 잡생각을 할 겨를마저 없다는 것을
드디어 깨닫게 되었다

다시 시작하려면 너무 늦었다

20180601 오후

오늘의 평화는 따사롭다
오늘의 햇빛은 날 에워싼다
어제까지는 죽음의 굴레와 인연의 지속에서 허덕였지만
6월 1일의 햇빛은 쩌저적 소리를 내며
내 우울을 갈라놓는 이 완벽함.

오랜만에 맞이하는 이 햇살에
처음엔 그저 그려러니 좋았으나
30분이 흐른 지금, 자외선 차단제를 바르지 않은
맨 얼굴의 나는 그저 그렇다

그럼 내일의 나는 어디로 가야 하는가

그녀는 오늘도 잠에 빠져 이모씨와
김모씨 그리고 이름 모를 어머니를 찾겠지만

그리고 어떤 어머니는 오늘도 수치심과
열병에 어찌할 줄 몰라 물구나무를 몇분씩이고 서겠지만

그것도 사는 방법이다
죽자, 죽자 하면 자꾸 날 붙잡는 햇살도
사는 방법이다

언제 이렇게
하얗고 고운 내 팔목이
너덜너덜 해졌던가
그날은 비가 오던 잿빛 햇살이 비추던 날 이었던가

20180601 오후2

　건강해질거야. 건강해질래. 나아질거야. 나아질래 나. 어디가 어떻게 나아질지는 몰라도, 24시간, 365일 나는 새로운 나로 재충전시키고, 새롭게 변화하고 바뀔거야. 오래오래 날 비추는 저 햇살처럼 무한하고 따뜻한, 밝은 에너지가 내 속에 넉넉히 있음을 기억하자. 불안과 우울을 나와 분리시키자. 분리시키자. 그건 감정일뿐, 내가 아냐. 잠식당하지 말자. 내가 오늘 적은 이 말들은 힘이 있어. 그리고 한 글자 한 글자 하늘 위로 올라갔다가 다시 내게 돌아올거야. 그리고 곧 나아질거야.

save your tear & body

나는 끝까지 나고, 타인은 끝까지 타인이다

어쩌면 타인의 투정을 받아주지 못해서, 마음을 알아주지 못한 것에서 시작된게 아니었을까, 그렇다면 우리가 서로를 알아챌 수 있었다면 우리는 잠시라도 영원함을 꿈꿀 수 있었을까.

내 삶을 존중해주지 않았지만, 나를 버렸지만, 이기적인 태도로 자기 삶을 한 모금도 허락해주지 않고 책임지지도 못할 말들을 나에게 내뱉는 시간들만 허락해 주었지만. 내일이면 다시 혼자가 되는것이 무서워 오늘은 지옥같은 하루가 되어 내일과 오늘이 혼동되다가 결국 머릿속은 칠흑같이 어두워지고, 마치 한시간은 12시간 같아도, 지독하게 감기에 걸릴때까지, 5일동안 밖을 못나간것이, 제대로 밥 한 끼도 못먹은것이, 아무리 분했을지라도 서로의 몫은 각자의 몫인걸 잘 알고 있었을정도로 나이는 그리 어리지 않았으니.

이별은 한순간에 닥쳐오는것이 아닌 여러 순간들의 복합적인 감정의 산물임을 알게되었을 때 책임지지 못할 말들은 허공에 떠다니고 있었고 버려질 말들은 마음에서 나가질 못했다. 내가 더이상 붙잡지도 못했던 공기와, 물질과, 말. 사실 일방적으로 받았던 물질-비물질적인 사랑과 더불어 이별과 정신적인 속박은 내가 중독되어있다 해도 과하지 않을만한 폭력에 불과했던것을 그때는 전혀 알지못했던것에 감히 후회하고 또 후회한다고 말할수도 있다. 그래도 이 자리에는 많은 기다림과 그리움이 그 날 그대로 썩지도 않은 채 떨어져 있다

그래, 그래도 지금은 그냥 모두가 잘 지냈으면 좋겠다고 생각한다.

우리는 왜 도대체 아픈사람에게 끌리는걸까. 아니 우리의 범주를 정하는 것이 어려운 일 이라면 사람은 왜 아픈 사람에게 그리도 끌리는 걸까

사실 사람이 너무 아파서 아픈사람을 보면 같이 아파해주고 싶고, 챙겨주고 싶은 충동에서 나온게 아닐까

같이 아파해주고 엉엉 울어주고 자해를 막아주고 화를 받아줄수도 없으면서, 끝까지 받아줄수 없으면서, 도와주고 싶은맘만 굴뚝같은거면서.

예쁜 마음은 고맙지만, 사실 나는 끝까지 나이고. 타인은 끝까지 타인이기에, 나를 대체해서 아파해줄 사람은 이 세상에 절대 존재하지 않는다는 것을 알기에 그냥 지나쳐달라고 감히 말을 전한다.

날 도와주려고 온 사람들에게 오히려 난 상처를 줘 온 것만 같아 미안하다. 이런 난 가시돋힌 선인장이기에 오히려 더 움츠러 들고 아무것도 못하는 송장이 되어버린다. 그리고 다가올 이에 대해 불안해 하며 경계를 늦추지 않는다. 그나마 상처를 안주면 다행인거지.

그래서 난 그들 모두를 그냥 흘려보내고 싶고, 자기만의 방식으로 자신을 지켜내면서 다 잘 지냈으면 좋겠다고 말한다. 무소식이 희소식이란 말을 5년째 믿어오면서. 자기 자신을 잘 보듬고 사랑해주고 자신을 세워가면서 그렇게 잘내는걸 바란다. 비록 나는 못 하더라도 내가 믿는 사람만은 꼭 그럴수 있기를.

아파할 건 아파하고,
밥 잘 챙겨 먹고, 울고 싶을 땐 울고
뛰고 싶을 땐 뛰고, 자고 싶을 땐 자고
그렇게 하고 싶은 것 하면서

그럴 수 있지?
안부를 전하지는 못해도, 소식을 전해듣지는 못해도
멀리서나마 응원하고 있을게

DNF가 너의 마지막이 아니길, K에게.

여기, 이 장소는 이제 없습니다

   저의 밤은 외로움과 괴로움입니다
담배 하나로 잃을 것을 잃고도 끊지 못하는 담배입니다
그 날 당신의 이야기는 무엇이었을지 궁금합니다
이 자리에 누워 우울함에 치를 떨고 있었을지
아님 스며드는 생각에 밤잠을 이루지 못했을지

   저에게는 외로움이 익숙했지만, 그걸 깨달았을 때 생겼던 더 큰 외로움과는 데면데면했습니다. 이 외로움과는 같이 밤을 보낸 적이 별로 없습니다. 앞으로 시간을 함께하는 날에는 내 팔목에 줄 하나가 더, 내 다리에 줄 하나가 더, 생기는 까닭이겠지요.

   다른 날들은 어떤이야기로 당신이 괴로웠을지 궁금하곤 했습니다.

당연히 무사히 보냈으면 하길 바래왔지만 그닥 좋은 소식이 들려오지 않아서 걱정이 쌓이고 쌓이다 나도, 당신도 병이든게 아닌지, 생각이 많은건 아닌지.

거짓 사랑에 빠져 허우적거리고 있는지
생각의 늪에 빠진 채 죽을 방법을 모색하고 있는지
우울함에 밤잠 설치고 플레이리스트만 재생하고 있을지

   난 사실 당신을 잘 모릅니다
내게 보여준 팻말로는 당신을 다 이해할 수 없었습니다
그것이 나에겐 어느정도 고통으로 다가옵니다
조금 더 알아갔다면, 조금 더 알아줬다면.
그것들이 전부 후회로 귀결되어 날 괴롭히기도 합니다

오늘 당신은 어떤 이야기로 밤을 접고 있을지도

LOOK GOOD ?

밖을 나가야 하겠으나
차마 나가지 못할 때
담배 한 개비 피우러 나가는것이
그것이 낮일지라도 그 조차도 두렵다

어느 작가의 사진집을 펼치면
스트릿 패션, 스몰 디테일, 우먼 파워 등을 내 걸고
사람들이 분주하게 걸어다닌다

*애인만나기길거리에서담배피기벤치에서한숨쉬기fuck
이라고외치는표정*

거울을 마주하는 순간들 : 태어나서 처음으로

한 챕터를 끝까지 보는게 내 하루의 마지막이라는
생각에 차마 다 볼 수가 없다
나에게는 모든 책이 그러하다
이걸 다 보면 내 하루는 끝이 나게 되고
이제 내가 할 일은 한가지,
죽는 것 밖에 남지 않기 때문에

사람들이 왜 책을 끝까지 안보냐고 묻는다면
난 책을 아껴서 보는 거라고 대답하곤 했다
사실은 죽기 전까지
내 삶을 아껴서 보고 있는거라고 대답하지 못했다

누구도 내 삶을 연장시켜주지는 못했다
그건 온전히 내 몫이라,
아주 가끔씩 핏줄에 아티반을 꽂고 산다

이것 또한 내 몫이라

나는 나에 대해 어쩔수 없는 파괴심인데도

나는 나에 대해 어쩔수 없는 파괴심인데도 불구하고
곁에 있어주려 하는 이에대해—

끼니를 챙겨주는 이에대해—
나를 안정시켜주려는 이에대해—
멀리서나마 와주는 이에대해—

희석시켜버려 아주 물들게 해주는 그
이에대해—

나는 나에대해 반동형성이 심하게 오는데도 불구하고
전화로 챙겨주는 이에대해—

거울을 마주하는 순간들 : 태어나서 처음으로

고맙고 사랑한다고 말을 하고 끊고는,
온 머리에 칼을 집어넣고
쑤시는 충동을 느끼는 사람이다

모든 것을 알고싶어 졌다, 그때까지,
그때쯤이면 난,
아주 빗나간 난, 되돌아와 있으려나

아무래도 나에 대한 정의는 어찌할 수 없는 노릇이다
나에 대한 파괴심은 사라질 수 없는 과정인가 보다
그런데 나는 살아있나 아직?

텅빈 긴 일요일

1
벌써? 라고 말하기엔 너무 긴 요일이었다
반복한다
역시나, 라고 생각한다면 눈물이 억터져 나올것이고,
반복한다
또, 라고 생각하면 난 자퇴를 고려해야 하는건가
오늘은 책을 많이 읽었다. 좀비처럼 또 소파에 늘어져서.
그리고 시력을 잃었다. 앞 뒤 크로스를 언저리에 던져둔 채로

반복한다

2
어쩌면 내가 너무 빗나가있다 ↔ 나는 그냥 정상이다
대학병원 폐쇄병동에 있다 ↔ 정상 사회 생활을 한다

둘 중 어느것이 맞느냐고, 제발 알려달라고.
충동이 아닌, 단지심어진 생각이라면 심어지게된 근본은 어디에 잠식해 있는가
견딜수 없이 몸이 떨리고, 손이 떨리고, 목소리의 성량과 음색까지 가느다랗게 떨리는
나는, 견딜수 없다고 말하고 소리치는 와중에도 온몸으로 막아내며 견디고 있다

그냥 가만히 있다 ↔ 갇혀 있다
다시 **반복한다**, 실패.

    '이 침대는 너무 좁고 끝이 발에닿아서 더 이상,
  영원히 쓸 수 없는 침대가 될거야. 그리고 다 내보내.
                나 혼자 죽게.'

                        -어느 할아버지 환자의 말-

언덕위의 하얀집은 온통 검은 것들로 가득해

나는, 눈을 감고, '미치고 싶지 않다' 라고 생각한다.
미치고 싶지 않아
이곳에서 내가 원하는 것 하나

눈을 감고 잠시라도 조용히 생각을 하고 싶다
이곳에선 눈을 감아도 눈을 뜨고 있는 듯 하다
아무것도 보고싶지 않고, 듣고싶지 않다
잠시라도 시력과 청력을 잃고 싶을 뿐이다

삶에 희망은 있을 거라 생각하던 찰나에
간호사가 점검을 하러 들어오는 소리에
떠진 동공에 빛이 몸을 검정색으로 굴리고 들어오면서
희망도 펜촉도 검게 물들어버렸다

어제는, '오늘도 나의 말은 어디에도 닿을 수가 없었다'
라고 또 생각했다
오늘도 나의 말은 어디에도 닿지 못했지 라고 또.
이곳에서마저 또 단정지어 버린걸까
이건 내 흉부가 4년전에 굳어버렸던 탓 일까

내 말들이 어디론가 날아가더라도 종착역이 있으면 좋을
텐데.
종착역이 되어줄 사람을 계속 찾아다니고 있지만
내 말들에게 의미를 부여해줘.
라고 속삭이듯, 조용하기만 하다

눈을 감고
미치지 않는 건, '내 모든것에 의미를 주는 것' 이라고 생각한다
내 모든것에 의미를 줄 것만 같았던
오늘 꿈의 그 키작은 사내의 얼굴은 도무지 기억이 나질 않는다
보통의 감정들

갑자기 큰 폭우소리가 듣고 싶어졌다
아니, 그보단 그 소리가 필요하다
여기는 내 소리들을 숨길 뭔가가 필요하다

20180725 탈출

 빗나가 있던 나는 다시 사회의 궤도 안으로 돌아왔다. 지금의 나는 예전과 다르게 없는 사람이다. 그렇다면 어째서? 정확하게 말하면 세상이 24시간, 아니 365일 돌아가는 그런 궤도가 아닌 나의 삶의 궤도로 똑같이 반복하고 똑같이 사랑을 갈구하고 똑같이 술을 마시는 삶을 갈구했다. 견딜수 없는 귀찮음을 그리워했고, 그래서 그냥 돌아왔다. 알고싶었던 병명을 알고 궁금증을 해소하고 집으로 왔다. 이거봐. 완벽한 궤도를 그리고 있잖아? 그래서 궤도인거야. **12년의 궤도.**

 사람들이 느끼는 일반불안, 생활불안에 대해서, 얘기하려 한다. 누가 소외감을 느끼면 소속감을 느낄수 있는 곳을 찾으라고, 아님 직접만들라고 하더라. 많은 사람들이 그 정도로 소외를 느끼는구나. 근데 난 못느낀다고 생각했는데. 그럼 나는 사람이 아닌가보다.

 "뭔가를 하지 않으면 불안해져서 못견디고 지루해 하거나 덜컥 덜컥 불안해지는 사람, 그런 사람 손드세요" 라고 한다면 모두가 손을 드는 세상이다.
 그래서 인생 자체가 너무 재미없고 지루한 거라고. 그래서 취미를 가지라고 하는거라면 좋아. 그런데 취미생활이든 뭐든 재미없어지고 항상 나-나를 잘 모르는 사람은 어쩔 수 없다-같이 인생이 재미가 없는 사람은 뭘 해야 한다는거야. 병원만 평생다닐수도없고. 평생 병원 생활 할 거 아니냐는 교수님의 말이 요즘 자주 생각이나. 근데 병원도 질릴거야. 사람도 질리겠지. 새로운 걸 찾는것도 결국 질리겠지. 사람은 뭐든 질리게 되어있는데.

혹시 더위먹었니?

  8월의 더운날, 몸도 지치고 마음까지 손을 쓸수 없게 되버린 날 나는 모두를 놓았다. 이쯤의 더위에선 다 녹아내릴수 있을거란다. 그래서 탁, 끊었다. 옥죄고 흐르고 떨어지는 시간들 속에서 나는 무슨 생각을 그리 깊이 하고 있었나. 걷고 걷다보면 종착지에 다다르듯 생각도 막상하다보면 결말이 나오던데 시작점은 항상 모르겠다
  나에게 잘해보자고 말하는 생명체들이 이젠 버거워진다. 내가 잘지내자고 말해야 하는 생활 역시 지겹다. 오히려 난 설거지와 부레옥잠이 낫게 느껴지는 것 같다.

  그래서 난 무슨생각을 하고 있었지? 아, 숨이 떨어졌으면 했어. 그냥 탁, 내가 원하는 순간에 그렇게. 8월의 매섭게 더운날씨에는 그럴수도 있는 거니까.
  이게 사고가 아닌 관념이 뿌리 박아지는 순간이야.

꿈과 현실의 공통점

 귀에서는 뺀적 없는 피어싱이 피를 토해내고 있었고 친구는 발작을 하며 토를 툭하고 뱉었다. 나는 보이지 않는 눈으로 피자를 한 판 사서 동기에게 술을 더 먹으러 가자고 전화를 걸었다. 내 옆에는 모르는 남자가 한 명 있었다. 우리는 꽤 즐거워 보였고 술을 먹고 노래방도 갔다. 술을 많이 마신 것 같았고, 그래서인지 내 귀에서는 자꾸만 피가 흘러내리고 있었다. 리보트릴을 복용하지 않은 탓에 심장은 계속해서 벌렁벌렁 거리고 있었다. 죽고 싶었다. 증상은 지속되고 내가 외면하고 있는 것들이 계속해서 날 찌르고있어서 괴로웠다.
 모든것은 결국은 죽음으로 또 귀결이 된다. 현실, 꿈, 모든 것이. 모두다.

hands getting cold

네가 어떤 이유로 나에게 손을 내밀고 싶어 하는 건지 나는 몰라. 네 얘기를 듣고 몇 시간 동안 불안에 떨었던 나는 어제 약을 엄청 먹고 잤어. 그리고 오늘 다시 생각해봐도 아무래도 답이 안 나오는 거야. 배가 너무 아픈데도 배가 터질 만큼 밥을 엄청 먹고 나른하게 다시 생각에 잠겼어. 나는 어제 친구한테 사진 한 장을 보냈는데 친구는 대단하다는 거야, 근데 난 그게 무슨 사진인지 기억이 안 나. 나는 어제 내가 제일 좋아하는 래퍼들의 공연을 봤는데 현실감이 전혀 없었어. 나는 날 떠나간 것 같은 사람들에게 안부를 물을 수가 없었어. 스스로 확인 사살을 할 수는 없었어. 매일 아침은 눈을 뜨자마자 나를 버리고 떠나가는 사람들의 실루엣과 함께하고 하루가 멀다 하고 일어나는 사건들은 더 이상 날 버틸 수 없게 해. 겉

껍질이 이미 벗겨진 나는 알맹이도 없는데 계속 벗겨지고 있어. 없는 알맹이에 스크래치를 내는 하루하루가 나를 죽여가. 언젠가는 놓고 있었던 가위를, 무언가를 다시 잡을 것만 같아. 내가 없어질 때까지. 나는 요즘 말을 내뱉는 게 너무 어려워. 내 머릿속에서 하는 말들이 너무 크게 들려서 내 목소리는 다 묻혀버리곤 해. 더 크게 말하고 싶은데 기운은 전혀 없어. 문장들을 만들어 낼 기운도 없어. 병원에 가서 뭐라고 말할지 생각해야 하는데 갈 수는 있을까 몰라.

내가 끔찍이 싫어하는 기억에 살고있는 그 사람과 네가 다시 사귀고 있다는 건 다행이라고 생각해. 적어도 너는 누구한테 기댈 수 있잖아. 그 사람의 실체를 알든 모르든 넌 상관없어 하겠지. 그런데 뭐가 아쉽다는 거야? 예전처럼 다 가지고 싶다는 거야? 왜 나와 함께 했던 그 처음으로 다시 돌아가고 싶어 한다는 거야? 난 너한테 큰 상처를 준 사람이야. 어쩌면 네가 정신 병동에 들어가게 된 이유가 내 몫도 있는 거잖아. 그리고 넌 똑같이 나한테 상처를 줬지. 상처뿐인 시간들도 줬지. 너무 힘들었다는 한마디밖에 못 할 정도로 힘들었어. 우리가 같은 날 퇴원을 했다는 우연하나로.

　나도 너와 같은 생각을 했었던 때가 있었어. 너랑 잘 지냈을 때, 그때로, 그 처음으로 돌아가고 싶다. 그때가 참 좋았잖아. 근데 서로 너무 많은 상황과 시간들이 바뀌어버렸어.

　넌 이제 시작이고 난 이제 끝이라고 했던 너의 말이 그렇게 저주같이 느껴졌던 게 소름돋게도 현실이 됐었지. 사실 이런 이유 때문에 매일 같이 느끼는 상실의 고통과 버려짐의 연속을 네가 멈춰줄 수 있을까 가끔 생각했었어. 알맹이가 없는 나라도 네가 껍질을 보태줄 수 있을까 해서. 아무리 가짜 웃음일지라도 하루라도 나를 버티게 해줄 까 했어. 근데 난 네가 보고 싶을 수 있다 쳐도 네가 나에게 왜 미련을 갖고 있는지 이해가 안가. 우리 둘 다 피해자면서 가해자라고 해도, 너는 가장 먼저 상처 받은 이잖아.

J에게. 우리는 둘 다 너무 아픈 것 같아. 우리가 만나면 결국 다시 싸우게 될 거야. 인간관계 문제로 또 다시 상처받을 사람이 생길 거고.

  바보같이 미련한 짓 하지 말자. 실수는 한 번으로 족한 것 같아. 그에 따라오는 고통도 한 번으로 난 이제 그만.

Hands, hands getting cold
Losing feeling's getting old
Was I made from a broken mold?
Hurt, I can't shake
We've made every mistake
Only you know the way that I break

〈billie eilish-idontwannabeyouanymore〉 中

이 시계는 더이상의 변명이 없어요

그 때, 우리의 11시 30분,
멈춰버렸던 시간에
서로는 무슨 생각을 하고 있었을지

2부-2

> 우울해진 사람들과 우울한 사람과 괜찮아진 사람들과
> 이젠 행복해진 사람들은 한 곳에 모두 모여
> 어찌할 바를 모르며 그때와 같이 서로 강박적으로
> '괜찮아?'를 되뇌이며 제자리에 머물러있다.
> 나는 열이나고 몸이 시려온다.
> 저 이불속에 누우면 모든게 끝이 날테지만
> 결코 나는 씻지 않았기 때문에, 그렇기 때문에
> 저 이불속으로 몸을 던질수가 없어졌다.

창문위의 마른 태풍을 기다리게 되는 일

혼자있는 시간이 많아질수록 생각했던 골은 깊어진다

누군가는 오늘 결혼을 해 부부가 되었고
누군가는 마음의 짐을 덜었을 것이고
누군가는 집에 오는길에 눈물을 참았을 것이다

부러울것이 없던 남들이 부러워졌다
바쁜 일상을 보내는 사람들이 부러워졌다
알코올 중독자도 오늘은 쉬이 내 부러움을 산다

뱃속은 왜이리 공허한것인가
먹으면 거북하고 먹지 않으면 텅 비어있다

누군가를 만나고나서 외로움을 느끼게 되는 날은
동시에 극한의 허기짐을 느끼게 되는 것인가
이런 날은 특히 감정의 골이 깊어져간다
내가 생각했던 길—사실 그 길이 아닌데—에 대해
확신하고 단정짓고 혼자 목적지에 다다라
나에게 거짓말을 하고 속이기 일쑤다

경험이 이렇게 아픈것으로 다가온적이 있었던가
지난 몇년동안 나에게 경험은 좋은 장맛비가 되었다고 생각해왔는데 요즘은 가을마다 찾아오는 창문위의 마른 태풍이였을까. 그래서 기다림만이 길어졌을까.

경험자로써, 먼저 걸어왔던 사람으로써 조언을 해도 해결되지 않는 일들이, 그런 몇가지 일들이 내 앞에 떨어져 있다. 금세 나는 또 구렁에 빠져버렸다

조금만 예전으로 돌아가서 그 과거에 잠시 머무른다면
허기짐은 반절이 되진 않았을까
항상 그랬듯 문장의 마지막은 후회의 어조만 가득하다

조금만 지나면 그 조금에 시간도 모를 웃음을 지으면서 비를 온몸으로 맞겠지만 하염없이 마른 태풍을 기다리는 일은 왜 이렇게 지겨울까

결국엔 그렇게 되겠지, 그리곤 할수밖에 없겠지

그래도 후회가 남을 길을 가파르게 걸어갈거냐고?
마음이 여려서 그들에게 눈물을 보이는 일을 두려워하지 말고 나아가자. 비틀거리는 두 다리를 가진 나는 그 누구보다 강한 고통을 버텨낼 정신력을 가지고 있어.

7년이 지났어도 어차피 겪어야 될 일들은 남아있고, 소리쳐야 해결 될 일들은 어김없이 날 기다리고 있으니 태풍은 곧 다가올거야. 태풍을 기다리는일은 매번 지겹지만, 이불로 온통 머리를 싸매고 지나가길 기다리면 언젠가는 사라져있을거야. 그리곤 맑은 창문이 있겠지.

2019 히야진터

　해결해야 했던 미로는 출구가 없어져 버렸다. 연락해야 했던 친구들은 어디론가 사라져버려 찾을수가 없었다. 먹어야 할 정규약은 떨어진줄도 몰랐고 정신없이 바쁜시간이 지나갔다. 나는 그 자리에서 할 수 있는 역할이 없었고, 하고 싶어도 권한이 없었다. 내가 할 수 있는 것은 그저 발길을 돌려 집으로 돌아가는 것 뿐이었다. 내가 알고있는 시간과 장소로 가보았더니 아무도 없었고 알고 있는 번호로 연락해도 없는 번호로 뜨는 것은 그저 황당할 뿐이었다. 이건 정말 꿈이 아니고서야 일어날 수 없는 일일 수 밖에 없었다. 도대체 사람들이 나한테 무슨일을 꾸미고 있는건지 난 도저히 믿을수가 없었다. 난 아무것도 모르고 그들 모두를 믿고 있었다. 그저 믿고 있었다. 정말 그들을 하염없이 믿고 싶었다.

이제야 진심으로 손을 꺼내 박수를 치고 진실로 연기를 하고 버젓이 서있을 수 있다고 생각했는데 너는 사라지고 말았어. 찾을 수 없는 이동경로와 노선속으로, 길도 없는 길 속으로, 너 혼자만이 아는 무지속으로 들어가 버린걸까. 부를수도 없을 만큼 이름도 지우진 말아. 마지막의 마지막은 남겨두자.

　불러야 했던 노래와 몸을 가눌수 없던 춤
　누가 훔쳐볼까 눈을 흘날기며 억지로 집어넣었던 시간
　거짓 박수갈채와 격려의 말들이 함께했던 연기
　흩어진 잉크자국과 격려의 말들과 거짓된 박수갈채와
　그 거짓된 박수갈채와,
　알류미늄의 거짓된 팔자주름을
　꾸역 꾸역,

　닿지도 못하는 감정들과 함께.
　여기에서 마지막으로 함께.

*'잊혀진 세상에 의해 잊혀진 세상과
흠없는 가슴에 비추는 영원의 빛과
이뤄진 기도와
체념된 소망은 얼마나 행복한가!'*

〈영화 *'eternal sunshine'* 삽입,

알렉산더 포프 시 *'Eloisa to Abelard'* 中〉

그러나

그러나 나는 지옥같이 반복되는 이별에 갇혀있다는 것을.

지루하게 나를 깨운 아침을 조각내어 오늘을 붙잡더라도 매일 밤 누우면 책임지지 못했던 말들이 허공을 떠다니고 또 다시 25시간을 같이 보낼 하루들은 지독하게도 쌓여있겠지.

(안타깝게도)
네가 생각하는 내 머리속은
그래, 아무렇지 않아.

약을 정량초과해 먹고도 불안에 떠는 매주 금요일에
영수증 뒷면에 작은 글씨로 응원한다는 말과 함께 연락처를 남기는 찌질한 상상을 하더라도.

너무 구질구질해서 그만 끊어내려고 하지만 괜찮아.
(근데 더 이상 뭘 어떡해, 난 이 구덩이에 갇혀있는걸)

어쩌면 아무렇지 않아.
모순적으로 들릴 수 있겠지만 그러나, 진짜야.
슬프겠지만 네가 나에게 해줬던 그 '모든말'이 전부
나에겐 상처였던것도 역시.

무슨 대답과 또 무슨 황당한 스토리를 기대하는지 알아.
근데 또 난 강박적으로 '괜찮아'를 그리고 반복적으로 '고마워'를 내뱉어야겠지.
네 앞에서 나는 더이상은 퀴퀴한 냄새들을 내비치면 안 되는 거잖아.

그래, 그렇지만 어쩌면 이젠 정말 아무렇지도 않아.

그래도 더 이상 전해질 수 없는 안부인사를 매일같이 듣는 사람에게
마지막으로 괜찮아, 그러나 나는 지옥같이 반복되는 이별에 갇혀 있다고 말은 해야지.

what the heck! 1

꿈에서 난 아주 비틀어져 있었고
너는 원래 그 자리에 그대로 였다
달라진 감정은 나혼자였는데
그래서 날보는 네 눈빛도 그대로 였는데
나만 비틀어져 있었다
나만.
넌 그대로 너였던 거였다
내가 무시할 수 없는 너만의 사고와 행동들
다 네것이었다

이러다가 나 혼자 완전히 무기력해지면 어쩌지
불안하다. 시간은 빨리가고, 난 상실과 버려짐, 이
두가지와 공허함을 채우려 급급해 했던 동공.

그렇게 찾은 사람들.
내 존재가 있다는걸 알리고 싶어서, 여기 나 살아있다고
나 여기에 아직 숨이 붙어있다고
알리는게 삶의 마지막 목적이어서, 그거 하나 하려고
이렇게 매달려 있나.
손목에 화상이 번져도,
발밑에 물집이 터져 흘러도,
오늘 내 배와는 상관이 없고
오늘의 햇볕과는 상관이 없고
기분은 이러나 저러나 무심할 뿐이고

오늘의 나와는 모두 상관이 없을뿐이야

추상적人

나는 추상적인 사람
추상적이다 못해 미미한 형태조차 없는 사람
이럴 땐 무슨생각을 해야할 지 모른다
어둠 속에서 와인색 머리카락을 넘기다 불을 켜면
아주 평범한 그런 동양인의 머리색을 띠고 있다
스마트폰이 얼굴을 비추며 반사하는 그 색은 주황,
더 주황색으로.
마치 신호등의 노란불처럼 말야.
깊숙하고 위험한 그 세계
나는 그렇게 믿고있어

노력

아무리 생각해도 답이 나오지 않는 문제가 있었다.

나를 바꾸려고 했던 사람의 태도를 전혀 이해할 수 없었고 나에게 노력하려고 했던 행동들에 대해서 사람들을 만날 때마다 기억을 헤집으면서까지 욕을 하고 다녔다.

확실한 건 나를 자기 입맛대로 바꾸려고 했던 것, 그리고 자신과 애써 끼워 맞추려고 했던 것은 옳지 않다는 것이었다. 그건 확실히 사랑이 아니라고 생각했다.

그래서 연애에서 노력한다는 것은 사랑이 아니라고 생각했었다. 굳이 노력까지 해가면서 사랑을 할 필요가 있었을까, 애초에 사랑을 노력한다는 건 아니라고 생각했기 때문이다. 그래서 지금도 노력해보겠다는 말은 난 별로 내켜하지는 않는다. 어차피 못할 것을 알기 때문이다.

그런데 예전 사진들을 뒤적거리다 본 좋아하는 작가의 글 중 사람이 사람을 위해 노력한다는 건 상대방도 노력해주길 바라는 마음에서 온다는 것을 보았다. 인정하기 싫은 문제지만 솔직하게 나는 노력을 하나도 하지 않는다. 그리고 상대방의 노력만을 욕해왔다. 연애에 있어서 상대방을 배려하고 알아가려고 하고, 맞춰가는 것도 중요하지만 이 모든 것에는 노력이 바탕에 있어야 하는 것을 알았다. 우리가 흔히 말하는 의도적인 노력 말고 자연스러운 노력. 어떤 사람인지 알아가려는 노력, 맞춰가려고 하는 노력. 이것들이 없이 그저 운명적으로 만나 아무 희생과 배려도 없이 결혼까지 가는 사람들은 없을 것이다. 그리고 운명적인 만남이었다고 해도, 노력 없이 관계는 지속되지도 나아지지도 않을 것이다. 그저 끊길 수밖에. 그래서 지금 내 인연들이 끊겼던 것에 대해서 생각해보니 다 자연스럽게 느껴진다.

사람 간의 관계에서 둘 중 한 명이라도 노력을 하지 않는다면 당연히 끊기는 것이고, 그 중 한명만 노력한다면 그건 거의 희생일 것이다.

내가 아프면서부터 가지고 있던 모든 관계들에서 나는 매번 노력하지 않았다. 노력이 있었다면 그건 이기적인 욕심과 의도적인 친절이었을 뿐, 관계를 진전시키려는 노력 혹은 대화가 아니었을 것이다. 모든게 변명으로 들리겠지만 사람을 잃고, 강제로 신뢰도 잃고, 상실감이 큰 상태로 많은 것을 잃고 또 잃는 경험이 반복되면 관계에서 노력을 하고싶은 마음이 안든다. 무섭고 두려워서 그런 마음을 가질수가 없어진다. 내가 좋아하고 따르고 싶은 사람이라면 비뚤어진 사랑이 커져가기도 하고 가끔은 질투로 변질되어 나 자신을 갉아먹기도 한다. 그럴바에 그냥 아무런 감정도 갖지않는 편이 낫다고 모두를 그냥 떠나 보내주었다. 내 노력은 아무도 안 받는게 나을거라고 말이다. 내 노력은 오히려 독이 될테니 말이다.

모든 사람이 날 사랑해줄 수는 없지만, 너무 잘 알고 있어서, 모든 사람들이 날 버리거나 떠나갈 것 같아 일회용의 관계를 유지했던 건 되려 내가 아니었을까. 추측이 아니라 내가 그래왔던게 맞는것 같다. 일회용적인 만남이 너무 싫다고 사람들을 피하면서도 정말 중요한 사람들과 있을 땐 왜 일회용적인 행동을 하고 다녔을까. 이젠 자책하지 말고 다른 방법을 찾아야 할 때다.

어쩌면 모두에게 기대를 하지 않게 되어서, 인간 불신이라기보단, 그저 언젠가 없어질 사람들이 무서워서 그냥 혼자 머물러 있으려 했던 건지도 모르겠다. 난 사람을 좋아하는 사람이었는데. 언제부턴가 사람이 싫어져 버렸다.

　내가 아는 사람들은 모두 모순적이다—나도 사람이니 모순적이겠지만—. 근데 그게 싫다. 아니다. 내가 모순적인 사람이라서 다른사람이 모순적으로 보이는 것 같다. 어쩌면 난 상당히 모순적인 사람일수도 있다. 사실대로 말하면, 나는 사람이 아닐수도 있다. 사람이라면 이렇게 생각하지 못할 것이다. 나는 사람들이 내 뜻대로 움직이지 않으면 견딜 수 없을 만큼 혐오감을 느낀다. 내 뜻대로 움직여줬던 사람만이 내 사람이라고 생각한다. 그러니까 나는 이기적인 사람이 아니라 아주 이기적인 동물이다. 어쩌면 또 성격장애 때문에 생긴 인지 왜곡일 수도 있겠지. 아, 염병할 그놈의 성격장애.

D+1

 그녀는 어제 수면제 2알을 넘겼다. 하지막 고작 잔 시간은, 아니 눈을 감고 있었던 시간은 4시간뿐. 괴로웠다. 다시 잠에 들었고 고작 2시간 뒤에 깨어난 후, 여느때와 같이 살아있다. 아침약을 안먹으려 했으나 안먹으면 뒤질 것 같아서 어제 저녁에 먹고 냉장고에 넣어둔 감자로 연명한다. 이걸 먹으면 좀 낫겠지. 라고 생각하며 오늘도 내일도 같겠지 뭐가 다른가 내가 돈을 축내며 그림, 책, 연명하고 사는건 똑같아. 지금도 충분히 낫긴한데 얼마나 더? 여기서 나아지려 하는걸까? 그러고 싶긴한가? 라고 생각한다.
 그 날은 폐쇄병동에서 퇴원한지 고작 하루밖에 안 된 날 이었다.

다시, 온전하게 새벽을

맞아
내 삶은 원래 이랬지
원래 이랬어
원래의 내 삶을 기억하자
누구에게도 내던질 수 없는 내 삶을 기억하자

누구에게 삶을 던진다는 것은
나를 포기하고 모든 것을 맡겨버리는 것

포기하고 싶었던 걸 잠시 맡겨뒀을 뿐
다시 찾아오면 되는거야
애전처럼 냉정하게 내 삶을 찾으면 될거야

그때 다시 나는 온전해지겠지
새벽을 견딜수 없어
다시 약을 먹고 다시 우는 내가 되겠지

다시 돌아가고 싶은 이유는

경계선 성격성향을 진단이 이제는 조금 익숙해진 그녀는 열심히 무언가에 전념하고 있다. 어제밤에 먹은 아빌리파이가 날 도와주는 것 같아. 정말이지 집 적응을 완벽히 해내고 있었다. 그런데 왜 자꾸 모든게 '죽고싶다'로 귀결되는지 모르겠다. 오늘밤도. 그럼 조심해야겠지. 미리 약들을 챙겨놓아야겠다. 정말이지 이 놈의 우울이란 놈은 약만 늘리게 할 뿐 당최 떠나갈 생각을 안하는 듯 하다. 그리곤 두려움에 밖으로 나갈 생각을 못하게 만든다. 이 문만 열면 바로 밖인데, 만약 그날이 다시 온다면 난 병원에 또 들어가는 건가. 그 편이 나한텐 나을거야. 아니 과연 나을까. 난 잘 모르겠어. 우울은 자꾸만 고민을 하게 만든다. 네일을 하고 옷을 고르고 꾸미고 나가려고 하기 직전에 문앞에 서서, 내가 왜 나가려고 하지? 이유고 뭐고 다 모르겠다, 아 그냥 집에 있을래. 밖에 안나갈래. 뭐라도 해야하는데 그 '뭐'라는게 떠오르지 않아. 있지도 않은것 같은 몸에 몸살기운이 생기는 것 같아. 병원에 갔다온지 한 달도 채 되지 않았는데 벌써 또 시작이었다. 사실 그녀는 진단과 병명에만 집중했을 뿐 정확한 진료를 받지 못했다. 긴 상담—환자 중 누구보다 오래—도 했고, 심리검사도 했지만, 그녀가 궁금해했던 진단명을 찾느라 시간이 오래걸렸다. 짧은 공백기 이후 두 번째로 입원했을 땐, 그때만의 문제도 있었지만 진단을 내리느라 증상에 대한 치료가 부족했었다는 주치의와 전공의의 사과의 말이 있었다. 오히려 진단에만 집중해 집으로 돌아갔을 때 그녀가 힘들었을거라고 추측해 걱정했다는 전공의의 말에 그녀는 겉으로는 괜찮다고 했지만 속으로는 아, 내가 이상한게 아니었구나, 싶었다. 솔직히 혼자 보내기엔 끔찍이도 긴 시간이긴 했다. 아, 그래서 두번째 입원에도 치료를 잘 받은 거냐고? 두번째 입원때도, 세번째 입원때도 왜 난 쫓겨나듯 퇴원을 한 기억뿐일까. 제대로 된 치료란 어디에 존재하는 것일까, 그리고 지금 내가 다시 병원에 가려고 하는건 또 무슨 이유인 것일까. 한 가지 확실히 한 것은 **내가 돌아갈 곳이 없어서** 라는 것이다.

내 악몽의 일부분에는,

이런 것 들이 조각 조각 흩어져 있다
그리고 심심하면 글로 적기도 한다

그래 내 행동들은 결국 내게 감시되고 있었지
누구를 만나든 누구와 연락을 하든 항상 머릿속에선 사이렌이 돌아가고 있었지
내 눈 아래에는 땅끝 천 미터 넘게 보이는 절벽들이 너희들에게는 아무것도 아닌 징검다리처럼 느껴졌겠지 그래.

난 잘못한 게 없는데, 그게 맞는데,
당신은 날 구해주지 않았어.
아니 우리 둘 다 잘못 한 거잖아 나는 알아
사실 우린 둘 다 잘못한 거야.
근데 도대체 왜 그 자리에 앉아서 알량하게, 아주 알량하게 있었던건지.
난 이 절벽 끝에서 구해달라고, 아님 이곳을 벗어나게 해달라고 울고 있었는데.

지리 선생님은 나를 위해 변호를 해줄 수 있었을 텐데 갑자기 날카로운 게 머리 위에서 떨어져 목을 찢고 나가 말씀을 하실 수가 없게 됐어.

피범벅이 되어버린 피아노 건반과-
피범벅이 된 얼굴의 나를 구해줄 사람을 찾고 있었는데,

친구들은 하나같이 내 얼굴에 총을 쏘고 등을 돌리며 사라졌어. 어디로 간다는 말도 연락처도 없이.

내 얼굴은 온통 피범벅이야. 어디서부터 어디까지 피가 흐르고 있는지도 몰라.

그래 오빠는 나를 위해 건물을 몇 개나 세워줬는데 그치.
근데 그런 물질은 하나도 도움이 안 된다는 거 알지?
나를 위해 돈을 쓰는 건 돈을 버리는 것과 같다는 것을.
마지막으로 본건 오빠의 간사하고 순수한, 선명하고도 얄미운, 책임감 없는, 그 지겨운 웃음이었어

친근하지 못한 증상들

아프다고 생각하기 싫어도 계속되는 증상들이 지겹고
나아졌다고 느끼고 싶어서 그렇게 생각하려고 할때면
거짓말처럼 증상들이 다시 돌아와
더 이상 어딜 간다고 해도 뭐가 달라질까
내가 내 삶을 다시 찾을수 있을까
(못찾을 것만 같아)
생각보다 사람은 죽기 힘들다는데
그만큼 사람은 죽기 쉽대
그 말이 뭘 의미하는지를 알아
내가 날 죽이고 있는 시간들이 괴로웠고
다신 그렇게 하고 싶지 않았는데
뭘 하는 게 살리는 일인지도
뭘 하는 게 죽이는 일인지도

가늠조차 안가
어딜 가야 나은걸까
아님 어딜 가도 똑같은걸까
지루해지고 반복되고 도돌이표처럼 돌아가는게 싫어
똑같은게 너무 무서워진때가 된건가
글을 쓰는 것 조차 두려워지고
아무것도 할 수 없다고 느낄때는
스스로 아무것도 하지말자고 다짐해왔는데
아무것도 할 수 없다고 느낄때가
너무 불행하다고 느껴질땐
그 순간마저도 그대로 받아들이는게 힘들다는건
또, 그게 무슨 의미인지 누구는 알까
생각으로 자기위로를 하는게 얼마나 괴로운 일인지
몇년을 해야 익숙해질까
자기위로에 익숙해지는게 두려운데
익숙해도 무섭고 새로워도 무서운 이 삶이
나아질 방향은 어디일까

내가 이러는 이유를 알고 싶어서 찾아다녀서
결국 알아낸것은 내가 환자라는 병식뿐이었는데
그걸 아는게 좋대
근데 또 모른척 하래
'심리학을 전공했으니까 알겠죠' 라는 말이
어떻게 환자가 심리학을 전공했다고
의사가 할 수 있는 말인지 난 이해가 안가
심리학과랑 정신의학과랑 같은 걸로 강제로 세뇌 시키지
마
사람 마음이 그렇게 쉬운거면 난 벌써 손에 피가 가득할
거야
당신들이 그렇게 자신 있어 하는 분야가
노력해 얻는 지위들이, 그게 사람들의
눈물이 쌓여서 오른 결과라는건 알고 하는 말인지
사람들의 눈물이 없었다면 당신들의 그 지위들도 사실
하나도 없는건데, 몇명을 희생해서 얻은것들인데,
너무 잔인해. 당신들은 너무 잔인해
내가 잘못생각한거야 또?
내가 고착화됐다는 말 뿐이겠지.

그게 아니라면,
내가 또 잘못생각한거고
내가 아프다는 말이거나 편집증을 탓하거나,
극단적인 사고때문에 이런거라면

그럼 날 여기서 한번 꺼내봐
당신들이 실험하고 연구하고 조사한 내가
어떻게 올라가고 어떻게 추락하는지, 혹은 그럴지
잘 알고 있는 것 같은데
그럼 방법을 알려줘
내가, 그리고 내 생각이 잘못됐다는 말 말고
기다렸는데 변하지 않은건 나라는 말 말고
이젠 시간이 되었다는 말 말고
끔찍한 변명 대신 사람다운 말을 좀 건네봐

거울을 마주하는 순간들 : 태어나서 처음으로

What the Heck! 2

너 걱정되서 하는 말이야
다 너 걱정돼서 그래

그만-
내 걱정은 나도 사서 합니다
굳이 내면을 보여줄 필요는 없잖아요?

당신들의 말은 당신들의 것
내가 귀담아, 온 맘을 다해 주워 갈 이유는 없는 이유
나에게 닿지 못해 버려질 말들은
나중에 시간이 되면 하나하나 열어보겠습니다

내가 뱉은 말들 또한 당신들에게 닿지 못한채,
내가 온 이 길 바닥에 흩뿌려져 있고

그 말들은 모두가 의미없는 빈 껍데기거든요
사실은

인생이 너무 재미가 없잖아요
흥미도 없고 의미도 없잖아요
그래서 하나 남은게 주고 받는 껍데기잖아요

우린 다 같은 약을 먹어야해요
그리고
나는 죽고 당신은 살고
버틸 사람은 버티고
버티는 사람은 또 버티고

남아있을게 또 무언가요

그러니 버려진 말들은
시간이 된다면 차근차근 가져가 읽어보겠습니다

기록들

 지금까지 적어 온 모든 기록들을 어떤 색깔의 끈으로 묶어서 보관해 놓는다면 누가 태워줄 수 있을지 생각해 본다.

 차마 고통과 마주할 기력도 없는 나는, 돌아보지도 못할 날의 기록을 한 낱 종이로 끝내 두고, 어디에 두어야 할지를 모른다.

 가끔 한번씩 열어보다가 숨이 가빠져 노트를 닫고 약을 먹는 나는 괜히 기록했다는 생각쯤은 할 법도 한데 신기하게도 그런생각을 한 번도 한 적이 없다.

 한 글자 한 글자 감정을 눌러 써 글자들이 모이고 문장들이 모여서 과연 내 인생이 될 수 있을까.

 아님 폭탄처럼 공기 속으로 스며들어가, 그냥 그런 애 그런 증상들로 치부되겠는가.

내가 되진못하더라도 그 언제가를 위해 적어둘 내 인생을 위함을 누군가는 이해할 날이 오지 않을까.

끝이 정해진 여행을 하고 있는 듯 하다. 하지만 기록은 끝이 없다. 아주 비싼 호텔에서 숨을 쉬고있다가. 아주 고요한 것들만 곁에두고사 욕조속에 몸을 축이고 아, 또, 목을 숨기면서.

그렇지만 발을 내딛는 순간에는 죽음이 몰려와. 눈앞의 빛은 모자이크처럼 까매지고 근육은 잠깐의 마비가 왔다가 스윽— 하고 풀려버린다.
힘이 넘치는 날에는 다시 한번 물속에 들어가 자살을 시도하겠지.
그날은 아마 구름이 많은 날일거야

고통은 공통의 심연
고통은 공통의 심연

〈 심보선 시집,「오늘은 잘 모르겠어」中 '공통의 것' 〉

3부, 끊임없이 흔들리는

와닿는 가사는 하나도 없지만
와닿는 감정만 떼어놓는다.
이렇게 사는것도 사는 방법이라 몇 년째
되뇌이고 있지만 병적인 자기합리화임은 다름없다.
어렴풋한 위로의 말과 사소한 만남의 굴레는
이제 더 이상 날 감싸주지 못한다.

문을 열어놓았다

1 : 그렇게 많은 사람들이 원해도 찢기고 갈기는 와중에도 내가 펜을 들고 아무렇게나 쓰는 이것은 참 이상하리만치 무서운 일이 맞다.

몇 년만에 두려움이라는 문을 열었고 그 문을 활짝 열어젖혀 놓으려고 한다. 마음껏 들어와라. 내 안의, 그때의 기억도, 그리고 미래, 그리고 너도. 문고리를 돌린건 내가 아니지만 섬세하고 치밀하게 잡아당긴 것은 오롯이 나라는 개체였기에. 마음껏 들어와서 헤집어 놓아도 더는 상처받지 않을 글자들을 모아 놓았다. 모든 감정들은 빼곡히 하였다. 이제 마음껏 구경해도 된다. 글자와 나를 엿 바꿔 먹듯 바꿔 먹었다. 나는 잃을것이 없는 사람이기에, 더는 바라지 않겠다. 문을 열어젖힌 것만으로도 충분하다

2 : 어둠의 생각

 속으로 자꾸만 기어들어가. 여긴 분명히 밝은데 자꾸만 깊숙이 하려해. 한번 더 하나의 꼬리. 어디에 붙어 살을 뜯어먹고 살아가는 거야? 그건, 내 살이 아니었어

 자꾸만 그것에 대한 꿈을 꾼다.

H에게, 반송된 편지

　손마디 하나하나씩 차례로 저릿저릿하게 떠오르는 말 체념하고 완벽히 떠나갈 때가 되어서야, 붙잡고 있었던 흔들리는 나의 손을 붙잡아 주며 그건 아니라고, 잘못된 거라고.

내가 착각한 거라고 말해줘.
내가 괜히 오해하고 너를 먼저 떠나가려 했던 거라고 말해줘
아무 말 없이 떠나가는 건 잘못된 거라고 말해줘
말없이 버려지는 건 너무 슬픈 일이라고 말해줘
"그거 진짜 아닌 거 너도 알지"라고 말해줘
내가 힘든 건 내 탓이 아니었으니까 사실 실망하진 않았다고 말해줘

사실 붙잡고 있던 건 항상 마지막까지 나뿐이었으니까
완벽히 떠나고 싶어도 떠날 수 없게 만든 사람은 나였으니까
굴레를 미친 듯이 막고 싶어서 매일 밤 무너져 기도를 하는 사람도 나였으니까
아무리 나만 놓으면 끝나는 관계였다 해도, 공유했던 시간들은 놓으면 어디로 가는 거야?
우주를 돌고 카르마를 들렀다가 결국 우리는 다시 만나겠지
그때 다시 결말은 아픈 관계로 만나게 될지 아님 아예 모르는 남으로 만나게 될지
괜찮아, 괜찮아, 우린 분명 과거에 오랫동안 사랑했던 사이였을 거야.
과거에는, 그랬을 거니까, 괜찮아.

난 이 정도 인연에 마감할게. 괜찮아.

아무 말 없이 떠나가는 건 잘못된 거라고 말해줘

말없이 버려지는 건 너무 슬픈 일이라고 말해줘

"그거 진짜 아닌 거 너도 알지" 라고 말해줘

내가 힘든 건 내 탓이 아니었으니까 사실

실망하진 않았다고 말해줘

겉으로는 펴낼 수 없는 옷을 개면서 나는 생각한다

이옷은 언제 열어볼 수 있을까
이옷은 언제 열어볼 수 있을까
다시 꺼냈을 때 색이 바래진 않았을까
아끼고 아꼈던 돈을 주고 산 이 옷가지가
그만큼의 가치를 잃진 않았을까
어느새 나는 기억하지 못하고 있는데, 본래 이 옷의
소유자는 날 기억하고 있을까
기억하지도 못할 만큼 색이 바래져 버려서,
처음에는 주황색이었던 옷이 지금은 딥 블루가 되버려
그래서 나는 그냥 버린걸까 하면서.
옷을 살게, 그 언젠가의 앞날을 상상하면
다시는 못살 것만 같은데.

하물며 너라고 안그럴까 내가. 하물며 너라곤.

10개, 세상에서 가장 더러운 쓰레기통에 버려줘요

1

 그런날이 있었던가. 가령 버스에 남은 한자리를 운좋게 앉았는데 옆자리 사람의 비 매너적이었던 행동에 분노해 밥을 거르는 일. 담배를 피우러 나와 앉아 있는데 손이 뜨거워져 속상한 일. 잘 되던 노트북의 화면이 꺼져버려서 다신 손대기 싫어던 태블릿을 꺼내, 먼지를 털고 충전기를 꽂고 애써 기억안나는 듯 사용해야 하나 고민을 하게 되는 일. 기분전환을 위해 듣고 있던 노래를 가르고 개인적인 공간인 내 현관문을 바람이 두드려, 아니 정확히 말하면 어느 누군가가 시끄럽게 찾아온줄 알고 허겁지겁 나간 밖에는 아무도 숨어있지 않았던 일. 일주일 전 재밌게 읽었던 독일 소설의 아주 먼 가상의 미래가 현재가 되어버려 이제는 읽기가 싫어지는 일. 우연히 들어간 메시지 함에, 나에게는 지옥같았던 시간들을 변명으로, 물질로 덮으려는 이의 지껄임을 우연히 마주보게 된 일. 한동안은 펼치지 않을 것 같던 일기장을 펼쳐 눈물을 적어내는 일. 혹은 야심차게 집안일을 시작한 날, 나와 연이 있을 줄 모르는 사람의 손 때가 탄 세탁기가 고장이 나 버린탓에 주저 앉아 엉엉 울게 되는 일.

2

기분좋은 순간들이 불행 속에 아주 잠깐, 한 줌 씩 있는 것만이라도, 그것만으로도 살 수 있다는데. 순간이 아니라 아주 찰나의 것들이라면 얼마동안 의미를 가지는 걸까. 내가 사는 곳의 이 물질들은 언젠간 쓸모가 없어져 버릴텐데 그럼 그 가치는 누가 부여한걸까. 잠시 꿨던꿈은 상기하고 싶지도, 적어내고 싶지도 않아. 화들짝 놀라 깼던 꿈속에는 정확히 너가 있었지만, 사실 얼굴이 기억나지도 않아. 순간의 얼굴이 기억에 진하게 남았는데도.

3

 어떻게 버려야 될까. 어디에 있는지도 모르겠다. 누군가에게 몹쓸짓을 하지는 않았지만 존재 자체가 불순이라는 거지. 남아있는 것들을 찾아내는 것도 사실 웃긴거 알고 있는데, 어쩌면 그런가 싶기도 하지만, 너무 큰 상처를 줘서 내가 견디질 못하고 있는걸까. 뜯어낼 수 있다면 모두 다 뜯어내고 싶어. 조금이라도 남아있는게 소름끼쳐. 이렇게 감정을 적어내는 것도 오랜만인데 참 웃기다 싶어. 그동안은 뭐였길래. 그냥, 전부다, 남아있는거, 싹 다, 언제쯤이고 없어질까, 내가 널 죽여야만 하는걸까.

선택지가 없는 꿈의종류

내 꿈이 더이상 내 이야기의 소재가 될수 있을까
하다못해 가치란 것도 있을까
어차피 다 괴로움으로 가득차있는 것들일뿐인데

그나마 익숙해졌다고, 사실 익숙해질때가 되지 않았냐며
그냥 스스로를 위로하며 눈을 비비자
눈을 비비고 나면 나아지겠지
똑같아도 똑같지 않은 다른 현재가 어디에 있겠지

악화되었다 해도 괜찮아 해야할거야
평소처럼 최소한 해야할 것들만 하자
근데 생각이란건 사람을 곪게 만들어
특히 고일대로 고여 사람을 좀먹는 내 생각들은
가치가 없는게 분명할거야

끊임없이 흔들리는

어쩌면 감정을 느끼지 않는편이 나을거야
얘기하지 않고 넘기는 편이 나을거야
어른이 되는 일이라고 되새기고 인정하며
말을 아끼는 편이 그래, 너에게 나을거야
현실을 자각하지 않고 그냥 둥둥- 그렇게 존재하는 편이
나에게도, 모두에게도 나은 편일거야

내게는 어떤 선택지도 없으니까

실어증의 개인적 정의

금일 나에게 있었던 일들이 꽤나 지루해
오늘부로 나는 말을 끊었다
이곳 생활이 녹록치 않다는 생각과 사실은 달랐다
아무리 호소해도 내뱉어지는 말이 없다는 것 또한

끊임없이 흔들리는

how to die and live anyway

난 태어나고 싶지 않은데 태어났다가
몇번을 죽었다. 태어나고 싶지 않은데도
다시, 태어난 것 같다.

3부-2

> 어차피 인연과 만남이라는건 온통 고통속에 사는 것이라
> 쉬이 함께할 수 없어서 그게 참 애석하게도 느껴진다
> 결국 끝은 헤어짐 그리고 외로움으로 귀결되기 때문에.

내가 평발이었다고 다시 확신을 준다는건

 마지막은 중요해. 그 날의 시간, 입은 옷, 날씨, 카페의 분위기, 우연히 듣게되는 노래, 사람들의 목소리, 인구밀도, 햇빛, 바람, 핸드폰, 악세서리, 거리의 느낌, 얼굴의 낯빛, 목소리, 태도, 어투, 사소한 모든것까지. 이렇게 중요한 것들이 많은데 넌 신경이라곤 하나도 안쓰고 상관도 없어보이네, 마치 남 일인마냥. 그리고 마지막까지 추하게 애매한 태도를 취하고 있어. 애매하면 답답하든 화가나든 어느쪽이든지 감정에 미련이 남는거잖아.

 나는 추운 평발을 가진, 남들과 동떨어져있는 알이야. 오롯이 혼자있지만 혼자이고 싶어서 혼자인게 아닌 누군가가 혼자를 만들어서 비로소 완벽하게 혼자가 되었어.

여긴 어디에도 물이 없어. 사람들은 자신의 건강을 챙기느라 바빠. 다들 마스크를 쓰고 있고 누구는 건강을 위해 좁은 거리를 무릅쓰고 자전거를 타고 다녀. 또 감염예방을 위해 열을 재고 소독을 해. 괜히 이름모를 누군가가 누군가를 위해 도움을 주고 서로가 서로를 위해 노력하고 배려하는 게 눈에 보이는 하루에 걸려버린 것 같아. 다 끝나가는 겨울인데 말야. 유난히 시간은 빨리 흘러가도 사람들의 눈길은 천천히 흘러가는 듯 해.

  이런 날에 또 낙동강 오리알이 되어버렸다는 건, 그것도 내가 두 번이나 살게된, 이 신림에서. 좋아하는 카페 앞에서. 내가 여기에 있다가 너의 이름을 앞에 흘리고 죽게되면 어떡할거야? 넌 아무말이 없어. 그래. 넌 믿지도 않겠지. 나는 어떤 기대도 하지 않을거야. 거짓말이니까. 사실 난 그저 심심하지 않게 꾸미고 아픈 발을 움직여 보면서 그래도 걸어보려고 노력하고 있을거야. 날 제외하고 바뀌는건 아무것도 없겠지만.

> **사물마저 날 저버리는 느낌이
> 다가올때면 혼자서
> 꺽꺽대며 울기도 하였다**

    전화를 걸고 상대가 받을때까지 화면을 멍하니 쳐다본다 상대가 누구든 그 사람의 핸드폰 번호 8자리가 애석하게 느껴진다.

    누구에게도 딱히 특별한 감정은 없다. 용기를 내어 전화를 걸었는데도 전화를 받지 않으면 난 8개의 숫자의 조합을 상상하고 그 8개의 규칙이 뭘까 생각해보고 나에게 숫자 8개의 의미는 무엇일까 생각해보고, 결국 닿지 못한 전화를 스스로 끊어야 할 때도 숫자는 사라지지 않는다.

    나에게 걸려오는 모르는 사람의 번호는 날 설레게 만든다. 혹 가끔씩은 아주 지겨운 공황을 주기도 한다. 과연 누구일까, 이런 나임에도, 날 찾아주는 사람은 누구일까. 가령 택배일지라도, 혹은 스팸전화일지라도 그저 기대만 떠오른다. 하지만 그 기대가 어디 오래가랴. 1분이면, 아니 조금 더 오래 5분이면 끊길 숨소리이며 나에겐 존재하지 않았던 숫자일 뿐이야. 기다리고 또 기다리고. 화면이 꺼질때까지 기다려봐도 숫자는 잊혀지지가 않아. 그렇게 사물마저 날 저버리는 느낌이 다가올때면 혼자서 꺽꺽대며 울기도 하였다.

혼자만의 감정을 혼자서 처리하고 나서 8개는 다시 떠오르기에 난 쉬이 예전처럼 돌아갈수 없었다. 이미 끝나버린 시간일지라도 의미없다고 단정지은 숫자는 내 머릿속에 박혀있는 생각을 빼내기에는 전혀 소용이 없었다. 8자리는 내가 알고있는 사람들의 독특한 개성처럼 각기 다르게 애석했다.

다음날이 되도 잊혀지지가 않았다. 그 숫자의 조합은 도대체 당신에게 어떤 의미였길래 자신의 숫자가 되었는지 그리고 그게 나에게는 어떤 잔상을 남겼는지 그냥 난 그게 궁금했다.

감정이 만들어낸 허상

 누구라도 글을 쓰려면 영감이 있어야 한다고 생각한다. 영감이 아니더라면 경험, 자신의 신념, 감정이라도, 이런 자신만의 무언가가 있어야 무엇이라도 쓸 수있다고 생각한다.

 하지만 감정이 격해지는 날은 쓰면 쓸 수록 감정에 굴로 들어가 피를 보고 말지만 적당한 감정으로 살아가는 날에는 글을 잘 쓸 수 있다는 생각을 한다.

 난 지금 충분히 감정적이고 적당한 이성이 있는데 왜 글 다운 글이 써지지 않을까. 혹여 감정과잉이 아닐까.

 감정이 너무 혼란스럽고 복잡하면 글은 잘 써지지 않는다. 뭔가는 쓰여지겠지만 다시보면 신세한탄이거나 화풀이, 그 속에 나는 없고 날뛰는 감정만 보인다.

 차분한 감정으로 그를 대할 수 있을 때 많을 글을 쓸 수 있을듯한 자신이 든다. 경험은 족히 좋은 영감이 될 것이다. 깨닫고 배우는것도 있을 것이다.

경험에서 나온 감정들은 한순간도 빠지지 않고 진심이라 내 삶을 기록하는데 도움이 되지 않을까.
　그래서 항상 더 적당하게 이성적인 나를 기획하면서 매일을, 예민하게, 감정을 느끼려한다,

　사랑이라는 것은 전후상태, 그리고 진행중일때 사람은 매우 감정적인 상태로 빠져든다. 눈에 보이는 것은 다 눈물과 감정으로 통합되고 오직 자신만이 끝없는 우물에 빠진듯 홀로 허우적 거린다.
　사실 다리를 펴면 배 까지 밖에 안오는 우물안에서 그는 자신을 일어나게 해줄 다리를 잃어버렸다고 생각할 것이다. 분명 다리는 있다. 다리를 펴는 방법을 모를 뿐이다. 다리를 펴는 방법은 간단하다. 다리가 생겼다고 믿을 수 있을때까지 앉아 있는것, 숨이 막혀오고 폐에 물이 차오른다 해도 죽지 않을 것이라고 믿는 것. 그 우물은

사실 허상이라는 것을 알아차려야 하는것. 그리고 그 모든 것들을 그저 기다리는 것.

다리가 생기면 언제든 일어나서 걸어나갈수 있다. 계단을 상상하면 계단이 생길 것이고, 사다리를 상상하면 사다리가 나타날 것이며 그 다음부터는 자신의 힘으로 올라오면 된다. 얕은 물에서 혼자 허우적 대다가 힘빼지말고 침착하게 기다리자. 내가 다리만 편다면 그 다음단계는 항상 존재하고 있을테니까.

ich aber, Mensch, doch-1

    오랜만입니다. 당신의 얼굴을 못 본 지 17개월이 지났습니다. 여전하시더군요. 건강은 하셨는지 좋은 음식들은 더 드셨는지 혹여 제가 보고 싶은 적은 없으셨는지, 제 소식을 기다리신 적은 있으셨는지 궁금합니다. 요즘 같이 힘든 시기가 우리의 만남을 1개월 더 늦추고 있는 것이 어쩌면 다행이라고도 느껴지는 것이 한없이 죄송하고도 또 저의 나약함을 보이는 것만 같아 갑작스레 불안이 몰려오더군요. 당신 때문이라고 말하고 싶지도, 인정하고 싶지도 않지만 더 이상 당신의 얼굴과 목소리에 집중을 할 수 없을 것 같아 급하게 약을 꺼내 먹었습니다. 당신을 어떻게 맞이해야 할지 많은 날을 망설였습니다. 솔직하게 말하면 많은 날을 그냥 흘려보내며 모른척하고 살았던 게 사실입니다. 무슨 말을 먼저 꺼내야 속죄할 수

끊임없이 흔들리는

있을지, 어떤 표정을 지어야 당신이 저를 믿을지, 어떤 날이 우리를 연결해줄지 도저히 모르겠습니다.

 당신처럼 좋은 분을 만났던 것을, 많은 날을 당신과 함께 했던 것들을 후회하기도 했습니다. 당신에게 받은 모든 것들을 부정하기도 했습니다. 영영 사라져 저와 만나지 않았으면 하고 바라기도 했습니다. 더 이상 삶에 싹이란 게 없는 저를 쳐다보지 않았으면. 나 같은 인간에게 눈길조차 주지 않았으면. 그러나 항상 저는 당신을 그리워하곤 했습니다. 그러나, 항상.

 당신이 가르쳐준 많은 것들과, 저에게 주곤 했던 걱정, 사랑, 연락, 제 입으로 꺼내기조차 민망한 당신의 그 마음들이 저를 변화시켰다고 한다면 그게 과연 좋은 일이었을까 궁금했습니다. 당신이 다시 제 곁에 돌아왔다고 해서 제가 행복해진다면, 조금 살 만해진다면, 다시 예전처럼 당신과 함께 공부를 해 나간다면, 만약 그런 때가 온다면 또다시 돌아올 1년의 당신의 부재가 생길 때에,

그때에는 전 비로소 죽을 수 있을 것 같습니다.

 저는 오늘 떡볶이를 먹었습니다. 당신은 방금 저에게 가장 먼저 떠오르는 단어를 말해보라고 했습니다. 당신은 '떡볶이', 저는 'sterben'을 떠올렸습니다. 물론 당신도 이 단어를 먼저 떠올리던 시절이 있었겠죠. 그렇지만 지금의 당신이 너무 달라졌다고 느끼기에 나는 언어를 통해 당신에게 나를 전할 방법이 없는 것 같습니다.

 전 당신의 수업을 참 좋아하곤 했습니다. 아름다운 사진들을 보여주는 것도, 제가 보지 못한 바깥세상을 들려주는 것도, 강제로 제게 말을 시키는 것도, 모든 것이 그저 좋았습니다. 허나 당신의 목소리를 듣는 것조차 몸이 버티지 못할 때면 그렇게 두렵기도 했습니다. 미안합니다. 나는 당신을 맞이하고 싶은데 몸이 버텨내지 못할 것만 같아서, 오늘 이 30분조차도 견디어 내는 것이 아픕니다.

 이제 시간이 끝을 향해 닿아지고 있습니다. 2달 후에 당신이 나에게 주는 기회를 제가 놓치지 않았으면 합니다. 마지막까지 다시 보자는 인사를 하며 그렇게 마칠 수 있었으면 합니다. 그럼 그땐 제가 편히 죽을 수 있을 것 같습니다.

삶이 흔들리고 있다

- 한참동안을 아프고나면 포기하고 싶은것들이 많아진다 포기할 수 있는 것들이 많아진다 이렇게라도 살아는있다 는것이 불쾌하다.
- 빛과 어둠을 모두 감싸안았어야 했는데.

- 가을을 내 앓고 나는 냉정해졌는가
더, 더, 아팠어야 했는데.
깨끗해 질 때 까지 아프고 아팠어야 했는데.
차라리 머리가 아팠으면 했는데.

- 더운날에 했던 화장법을 기억한다
그 날은 눈가에 눈물이 고여있었다.
눈은 햇빛으로 가려져 있었다.

그러나, 부은 눈보다 헐어버린 눈을 반복한다.

언어를 잃는다는 것은,

언어를 잃는 것은 너를 잃는 것과 마찬가지란다

 너는 너의 감정을 표현할 언어를 갖지 못했어. 너는 너를 이미 잃고 있었으니까. 그때 나는 니가 어디서 왔는지 어떤 사람인지 전혀 알 수도 없었고 몰랐거든. 그렇게 너를 잃은 너는 너가 아니었을까. 아, 감정은 남아있었어. 다행히도. 하지만 넌 언어가 없잖아. 괜한 기대는 언어가 없는 너에겐 통하지 않았어. 우린 그저 감정만을 나누다가 지친거야. 감정을 다 써버리고 나니 우리는 너를 완벽하게 잃었어.

 그때, 너는 너를 버리기 시작했어.

그 방향은 늘 싫더라

1
난 멀쩡한 것 같아, 안 아픈 것 같아, 혹은 다른 말.
가고 있던 차를 멈춰 세우고 얘기를 해.
어쩌면 너는 정말 내가 아무렇지 않다고 생각하겠지
어쩌면 이렇게 되버린게 내 사고방식이란 탓을 하겠지
아니, 그것도 아니라고?
그렇담 이렇게 되버린게 너의 가족탓이라고 말을 할래
나아진게 누구탓―누구 덕분이라고?
난 이런말을 들을 때마다 지겨운 것 또한 모르겠지
누가 나한테 득을 주고 해를 주고 이분법적인 계산.
이정도 반복해 봤으면 지긋지긋하다고.
아니, 사실 알잖아. weisst du, 같은 말들은
너무 지나치게 개인적인 화두라고.
잘 생각이 안나. 이젠 기억이 안나는 것 같아
더 이상. 이런 말 뿐.
그래서 더 아프지 않은걸까, 고개만 숙이고 있을 뿐
이제는 달랑 나 혼자 남아있을 뿐.

2
이틀을 꼴딱 밤새고 죽어있으면 말야
이 몸뚱아리는 반은 죽은 것 같고
영혼은 어디에 잠식되었더라.
손발을 깨끗이 하고
가만히 몸은 하늘을 향해 가져다 두었어
난 방금 손을 씻고 왔는데 이게 계속 끈적거려
너가 덕지덕지 묻어서 나에게 버리고 간 딱지들,
그래 그것들과 함께 물,
비누와 함께, 차가운 물살과 함께.
묻고묻고 묻어서 덮고 덮인 것들이 굳어져 버렸고
굳은 것들이 함께 뒤섞여 이젠 하나의 딱지를 이뤘어

오늘 오후 4시의 하늘은 보이지가 않더라고
항상 그렇듯 내 눈앞엔 신 공기들이 많이 떠다녀.
내가 제일 미워하는 이해없는 배려,
혐오하는 그것처럼 말야.

ich aber, Mensch, doch-2

　꽃을 매우 좋아라하는 당신과 얼굴을 마주하고 얘기하는 것을 좋아하는 당신이 저도 무척 그립습니다. 제가 건강한지는 잘 모르겠습니다. 요즘 술을 먹으면 저도 모르게 잠에 들어 술자리가 끝나곤 합니다. 예전엔 이해하지 못했던 행동을 제가 하고있는 걸 보니 아직 건강을 되찾진 못한것 같습니다. 전 어떻게 살아야 할까요. 보고싶다고 하신 말이 과연 저에게도 하는 말일 까 궁금합니다. 절 보고싶어 하셨으면 합니다. 자신은 없지만 당신 곁에 있으면 조금이라도 살 수 있지 않을까 매번 그런 날이 오기를 기다리기만 하고 있습니다. 당신의 안부인사에 제가 답장을 해도 될런지 모르겠습니다. 당신을 저버리고 난 후에 다시 얘기를 나눌 용기가 없어서 계속 망설이고 있는 저를 다시 한번이라도 봐주시길, 그날을 또 기다리고만 있습니다.

끊임없이 흔들리는

악몽에 대한 내 생각

1

나에겐 아주 많은 종류의 악몽이 있어. 오래전부터 겪어왔던 패턴이라던지 혹은 같은 상대에 다른 배경, 항상 같은 일탈, 그립고 보고싶은 대상, 증오하고 혐오하는 대상, 무의식을 다드러낸 것 같은 큰 건물 혹은 내 마음과 다르게 자꾸 등장하는 사람, 잊고싶지만 자꾸 내 뇌에 자리잡으려 해. 어쩔때는 내가 원하는대로 꿈을 조종할수도 있을 만큼 꿈을 자주 꿔서 꿈에 능통할 정도긴 하지만 어디서 감히—라는 생각도 하고. 근데 나도 어쩔수 없는건 악몽이라서.

2

나에겐 악몽과 꿈을 구분할 수 있는 잣대가 있어. 지겹도록 악몽에 시달려 온 나에게, 병원에서의 상담시간 중 악몽얘기는 오히려 시간낭비일 정도야. 사실 악몽과 함께하는 삶이 나에겐 더 살아있음을 느끼게 만들어주는 수단이기도 해. 어쩔땐 악몽이 너무 힘들다고 징징거리지만 그렇게라도 안하면 내가 감정도 못느끼는 것 같아서 사람다운척 하는 거야. 모두 다른사람이 들으면 황당한 소리일수도 있겠지만. 악몽은 오히려 나에게 감정: 분노, 우울, 억울함, 미안함, 가끔은 잠시동안의 그리움을 가져다주기에. 평소엔 몽롱하고 어지러워서 이게 현실이란 것에 대해서 궁금해. 어디까지가 꿈이고 허구일까. 인셉션을 보면 여주인공이 디카프리오에게 꿈속에 영원히 갇혀 살지 말고, 그래서 죽지말고 돌아오라는 뜻으로 '자신을 놓지 말아요!' 라고 말해. 내가 제일 좋아하는 구절이야. 물론 영화 안에서만.

  근데 미안하지만, 그렇다면 난 죽음을 시도해 봐도 되는게 아닐까. 이게 꿈인지 현실인지를 구분하기 위해. 토템을 돌려놓고 어디까지가 허구인지 이젠 시험해보고 싶은 순간이 정말 왔을 때.

3

 보고싶은 사람들이 있어. 사실 이게 보고싶은 건지 아님 내가 그들과 대화를 해서 새로운 느낌이나 자극을 받고 싶어서 보고싶은 건지도 몰라. 이 인생은 한낱 똑같이 굴러가고 재미라곤 온데간데, 왔던 흔적마저 없으며, 지루한 수레바퀴속이거든. 그 속에서, 새로움을 발견하는 재미가 나한텐 유일한 소재이고 동기일 뿐야. 삶의 동기와 죽음의 동기. 어쩌면 리비도와 같은 에너지를 갖고 있는 거지. 두가지의 효과, 아주 확실하게 나를 살릴수도, 죽일수도 있는 것.

 근데 오늘은 온통 혼자인 것 같아. 편하고 좋은데 근데 당신은 언제쯤 오려나. 온통 혼자인 냄새에 분주하지도 시끄럽지도 않은 내, 작은방. 새로운 색깔로 채우고 싶기는 해. 새로운 감정으로 날 둘러싸고 싶기는 해. 이건 내 바람이야. 이뤄지지 않을 거고, 근거없는 주장, 근거없는 기대. 이루어 질 것이라는 환상. 노트 한쪽은 다 채워야 오늘 당신들을 모두 만나진 못했더라도 존재했다는 기록을 남길수 있는 이유가 되는 것과 비슷한 것.

쩍하고 떨어졌다가 쩍 하고—

1인식탁에 앉아 홀로 밥먹는 틈 사이로 튼살이 보인다
바지의 찢어진 구멍사이로
살이 붙다가
쩍 하고 떨어진
허벅지 안쪽 살 사이로 스며들어
쩍 하고 눌러붙은
땀의 원기둥에 구멍을 뚫어
바람을 통하게 만들어 내놓은 곳에
나에게 쓸모는 튼살을 내보이는것
각성하게 만드는 것
매일밤을 울게 만드는 것
배를 부여잡고 통곡하게 만드는 것

끊임없이 흔들리는

먹으면 안되는것을 알면서도 먹다가 기절하게 만드는 것
존재하지도 않는것에게 미안하다고 빌게 만드는 것
각성과 동시에 날 마취 시켜버리는 것
더이상 세상에 미련따윈 남기지 않게 만들어 주는 것

편안한 걸까
나에게 박혀버린 붉은 실자국 들이
어쩌면 날 지탱하고 또 붙잡고 있는게 아닐까 했는데
어쩌면 날 갉아먹고 있었던 것 같다고 느끼는 요즘,
울고싶은데 울 거리가 없을 땐 붉은 것들을
찾고 찾아서,
찾아서 내가 널 갈기발기 찢어죽인다고 했던 것 처럼
그렇게 그것이 결국 날 차근차근 죽이는 수단이었을지도

또 다시 바닥으로

 응 엉엉 울고 싶고 걱정돼. 엄청 엉엉 울고 싶어. 몸은 말을 듣지 않고 속도 안좋고 담배만 피고 싶은데 토할것 같아. 할일은 항상 그랬듯 쌓여만 있지만 계속 누워 자고만 싶어. 무서워 또 그럴까봐 무서워. 정말 무서워 죽겠어. 나 진짜 또 그런거면 어떡하지? 그렇게 아파했고 후회했고 무서워했으면서 정말 바보같이 또 날 놔버렸어. 근데 어떡해. 나도 날 버티기 힘들어서 누구라도 붙잡고 싶어서 붙잡았던 거야. 누구라도 응답해줬으면 해서. 제발. 누구라도. 근데 이미 끝났어. 이미 다 끝나버린거야. 끝. 난 버려졌어. 나도 잘 알다시피 알아서 시간은 가고 그 시간동안 난 내 할일만 아주 정성스럽게 하고 있으면 되는거 아는데. 그러고 나면 다 끝나는거 아는데 왜 이렇게 흔들리고 왜 이렇게 아픈걸까 속상하고 슬퍼 익숙한데도 견디지 못하는 슬픔이 너무 익숙한데도 슬퍼.

끊임없이 흔들리는

4월의 우박이 내리는 날에는 내가 쏟아지는 거라고 생각해줘

사람마다 각자의 사정이 있고,
각자의 방식이 있는 걸 알아
그리고 그걸 이해해야하는것도 알아.
선을 넘어버리면 그 선은 끊어지는 거고 결국 선을 놓치게 된 우린 이어지지 못할거란걸 알아
선을 넘은걸 혼자 알아버린 나는 슬퍼해
선이 있었다는걸 알지 못했던 너는, 지금도 혼자가 아닐 거고 아무것도 알지못할거야
슬퍼하지도않을거야아무생각도없을거야
분명 다 다른 사람들인데 다 같아
인간불신이란건 사라질 때를 모르겠어
아니 사라질수도 나갈길도 없이 굳어버린 덩어리일거야

너라고다를까해서같이지내보고싶은게아니야
너라고다를까해서한번연구하고싶었던것뿐야

그래, 누구의 말처럼 모르는거지, 다 모르는거야
그렇지만 난 너를 믿고있었던게 아냐
사실대로 말해줄게
너라고 다를까 해서 기대했던 것보다는
인간이라는 생물이 과연 지구에 유익할까?
서로 부둥켜 안고 살아가는게 어떤 의미가 있을까?
만약 긍정이라면 나에게도 해당되지 않을까?
이제는, 나에게 해당되어도 되지 않을까?
인간불신인 나에게 인간이라는 생물은 나에게 한번쯤은
허용되어도 되지 않을까?

아니면 다른주제,
인간은 혼자이니까, 우린 다 혼자이니까,
너와 나도 혼자 사는게 낫지 않을까?

너는 이 주제에 대해 어떻게 생각하고 있었을까?
궁금해서 알아보고싶었던 것 뿐이었어
부담스럽던 아니던 기분이 좋았던 말던
미안하지만 난 별로 상관하지 않았어

나이를 셀수록 더 단단해져버리는 인간불신을 바라보며
난 그저 슬퍼하고 애처로워 할 뿐이야

난 그것에서만 눈물을 흘려
시간안에서 눈물은 흘리지 않아

너가 날 버린다고 하면 모든게 돌덩어리가 되니까
난 눈물을 흘리지 못해
난 내가 느낄수가 없는 것에서는 눈물도, 모든것도 다 돌덩어리가 되어버리는거야

그렇게 4월의 우박이 내리는 날에는 내가 쏟아지는 거라고 생각해줘

그러니까, 즉, 너는

1.
어젯밤에 운 기억은 없었으나,
한참을 눈이 부어있었다
탱탱 부어 떠지지도 않는 구멍 두개
검정 배경에 어이없는 상상들만 보인다
1시간 가량을 눈 마사지를 해주고 다시 잠에 들어야
신체가 눈으로 돌아온다.
뭐가 나에게 의미가 있을까
무슨 일이 나에게 어떤 작은 의미라도 갖냔 말이다
수시로 내 자신에게 화를 내었다
누군가는 끊임없이 자신에게 되묻고 묻고 묻고
또 다시 묻고 답하면서 힘들어하지만
나는 그냥 나에게 화를 내었다
이렇게 살아있는 내가 싫었던 탓이다

누구에게 탓다운 탓을 하고 싶은데 못하는 탓이다
남탓하지못하고 여린마음에 내탓을 하는 것이다
왜 내가 이렇게 까지 되었나
·
·
하며 그냥 신세한탄을 하는 것이다.

2.
난 연기를 꽤 잘한다고 들어왔던 사람이다
내 자신에게도 만족할 만큼은 해왔던 일이다
연기가 싫지만 내 인생과 닮아있는 이, 연기를 해야만
하는 날들이 연속된다
그 중에서도 가장 하기 싫은 때를 말해보자면,
여러사람이 되도 않는 연기, 혹은 나보다 더 뛰어난 연
기―거의 처세술 이라고 불리우는―를 할 때
여럿의 연기는 현실과 같아서 내가 돋보일 수 없다
고로 누구의 연기가 뛰어나다 라고 말 할 알맹이가 없다.

나의 연기가 돋보이고, 제일 진짜 같아야 하는데 어차피 가짜의 연기속에선 나도 가짜가 되기 쉽상이므로 연기를 하지 않는 편이 나을 것이다. 굳이, 또 말하자면 그땐 나만의 연기를 하기 싫었던 것 이었다. 다른이들이 가짜를 펼치며 진짜인 나를 자연스레 숨겨주니 나는 그 속에서 본모습만 보이고 있으면 되었다. 그러다 보니 새로운 모습에 호기심이 생겼는지 저절로 사람들이 붙었던 적도 많았다. 최대한 주어진 능력을 좋게 써야하는 건 알지만 사람이 붙는 걸 떼어내는 연기는 하지 않았다. 그게 실수라면 실수였겠지. 하지만 난 내가 하고 싶은 것만 한다. 굳이 떼어내고 싶지 않은 사람들을 떼내는 건 싫었다. 케케묵은 외로움은 쉽게 벗겨지지 않는 법이기 때문이다.

가기 싫으면 가지말고 가고 싶으면 가.
있고 싶으면 더 있어도 돼. 대신 강요는 아니야.
내 주관같은건 항상 없는 세트장만한 현실에서 날 감추고 속이고 그래서 평이로운게 **페르소나**, 즉 연기다.

그러니까 너는 당하고 있다는 말이다.

끊임없이 흔들리는

갈증나는 여름

 글을 쓰는 것을 좋아하는 나는 어느날부터 난 글을 쓰지 않게 되었다. 그저 영화를 보고 평론 몇 줄, 작은 시 몇 구, 일기 몇 장을 적는 것 또한 부담스러워지기 시작했다. 좋은 펜을 보면 신이 나서 '이 펜으로 좋은 글을 적어야지' 하며 좋아하던 때가 있었는데 지금은 전혀 그렇지가 않다.

 내가 좋아하는 펜들중에 골라잡은 것도 아닌, 아무 펜이나 골라잡은 이 펜이 필기감이 너무 좋은 것과 요즘, 예전, 지금의 내가 글을 쓰는것에 부담과 싫증을 느끼고 나아가서는 역겨움까지 느끼는 것은 너무 반대되는 일이라 복잡하다. 이 펜을 내 방으로 가져가 잘 간직해 나중에 또 쓰려한다면, 그런데도 또 안 쓴다면, 난 또다시 자책을 하고 쓰는 것이라는 것에 대해 다시 고민을 하겠지.

삶은 너무나 재미가 없다. 난 여름에 자주 갈증을 느낀다. 어딜 올려보아도 빛은 나에겐 충분히 들어오지 않는다. 까맣게 타다못해 벌겋게 익어 벗겨지는 살을 보아도 난 햇빛을 받았다고 느낄수가 없다. 한 5시간동안 햇빛만 쬐일 내리쬔다면 그제서야 숨을 헐떡거리며 물을 찾고, 내가 살아있음을 느낄수 있으려나.

여름과 겨울은 살아있음을 느끼기에 충분한 자극을 주는 계절들. 그러나 사실 그 자극들이 몸에 들어오지는 못한다는게 모순들이다. 왜일까. 도저히 선을 긋고 그려보아도 이유를 찾지 못한다.

술을 퍼부어 마셔보아도 난 취하지 않고 그대로다. 항상 똑같아. 이래서 삶은 너무도 재미가 없다. 돈을 쓰는 것 또한 재미가 없다. 옷을 예쁘게 입고 화장을 하고 사랑을 하고 사람을 만나고 또 사랑을 하고, 사람을, 사랑을, 하고 행복을 느끼는 것은 아주 잠시. 당연한 거란다. 삶 속에 아주 잠깐 주어지는 그 행복을 찾으면서 살자는데, 아니 그게 재밌나. 잠시라서 소중하고 잠깐이라 재밌으니 찾는게 재밌고 소중하고 뭐 좋은말을 다 갖다붙이는데 보고 있자니 정말 인간이란 합리화에 관해서는 과학의 발전마냥 무한한 발전을 이룩하는 존재인 것 같다

끊임없이 흔들리는

는 생각이 든다. 갈수록 에세이의 문장들과 제목들은 포근해지고 더 합리화적이며, 더 현실속으로 파고들고 더 감수성을 자극하고 더욱 우리를 감싸안으려한다. 그만큼 상황이 어려워지고 사람 사는게 힘들다고 하는데 내가 뭐 어쩔수 있겠느냐만은, 뭔가 잘못되어가고 있는 느낌이 드는건 나만인건 아닐것이다. 아무튼 난 그 '우리' 안에 속하기가 싫단 말이다. 내 존재를 부정하고 싶은거냐고 묻는거냐면 뭐 결론적으로는 맞다. 난 내 존재를 부정하고 싶다. 그리고 그 '우리'를 부정하고 싶다. 마지막 소속감인 인간도 부정하고 싶냐고 하면 그렇다. 그냥 나 자체로 존재하는 삶을 살고싶다. 어째서 여기까지 오게 되었는지는 나도 모른다. 극도의 회의적인 인간이 되버린거지. 그냥 책이란 매체까지도 날 사육하는게 싫다.—내가 쓰고 있는것도, 내가 좋아하는 것도, 존경하는 것도 책이지만—앞에서 많이 말했듯이 난 오직 나대로 살고싶다. (근데 너무 자유를 원하는것도 문제라고 하더라. 극단적 자유를 원하니 모순적인 말들이 쓰여진 것 같다)

잠수교가 정말 잠기는 날이 이렇게 금방 올 줄은 몰랐어

    서울에 자취방을 얻고 혼자산지 3년째. 한강을 무수히 다녔고 다닐 때 마다 내 곁의 남자들은 바뀌어 있었다. 각기 다른 맥주들과 다른 웃음소리, 다른 표정들과 다른 행선지. 같은 풍경들과 같은 위치에 자리를 펴고 앉아, 난 그들이 바뀌는 모습을 수 없이 봐왔다. 해가 지는 한강의 모습은 학교를 결석하고 봐도 좋을만큼 항상 내게 따뜻하게 다가왔고 그날 밤이 혼자 지내야 할 밤이란 걸 알면서도 그 주황빛이 마냥 좋았었다. 그리고 어둠이 짙게 깔려 내 옆 사람의 표정이 보이지 않을 만큼, 혹은 우리가 일어나지 않으면 이곳에 첫차때까지 있어야만 하는 시간이 되면, 크루즈가 다니는 반짝거리는 그 다리를 눈에 일주일 치 정도 가득 차게 담았다. 그리고 나는 멍한 눈으로 다리를 끌며 한번에 집으로 가는 버스로 타고 바깥창문에 머리를 기대며 조용히 숨을 골랐다.

한강에 다녀온 날은 혼자있어도 전혀 울지 않았다.

어느날 부터는 한강이 무서워지기도 하였다. 한강을 간다는 것이, 생각한다는 것 조차도, 그 자체만으로 추억을 통째로 없애버리고 싶었던 나에게 너무 고통스러운 일이었다. 그러다가 우연히 가게된 곳이 '잠수교' 였다. 처음보는 듯 익숙했던 그곳도 한강이 맞았다. 하지만 여태까지 봐왔던 곳과 달랐고 또 내 옆에는 새로운 사람이 있었기에 새로운 마음에 들뜨고 설렜는지 모르겠다.

"너 잠수교 라고 알아?"
"잠수..뭐?"
"여기로 가면 잠수교가 나와"
"그럼, 우리 그 바다 뭐 그런데 밑으로 가는거야?"

그 사람은 내가 바보같은 말을 한 것 처럼 웃으며 그런 건 아니고 그냥 다리밑으로 가는 거라며 날 잠수교로 데리고 가주었다.

"여기가 여름에 비가 많이 오면, 진짜 많이 오면 잠겨서 사람도 차도 출입통제 되고 그래. 근데 지금은 비가 안와서 되게 예뻐."
"그러네. 처음 와 보는데 다리 밑이라 그런지 시원하고 좋다."

 나는 처음 와보는 곳, 잠수교. 이 곳이 참 좋았다. 날 이곳으로 데리고 와준 이 사람도 좋았다. 새로운 것에 대한 내 갈증을 채워주기에 충분했으니 물론 좋았고 고마웠다고 할 수 있겠다.

"근데 정말 비가 많이 오면
이렇게 큰 곳이 다 잠기는 거야?"
"응"
"진짜로? 여기가 다 잠긴다고? 이렇게 예쁜곳이
다 잠겨? 그럼 뭐하러 이렇게 해놨대?"
"모르지 그건"

아무생각이 없었던 걸까. 뭐, 그는 그랬을 거다. 궁금함이 가득한 나에게 그는 항상 답을 알려주지 않았다. 아무튼 한강에 이렇게 분위기 좋은 곳이 있었다니, 이 사람과 다른 사이였으면 더 좋았겠다는 생각을 그때 문득 처음했었다. (모두 잠수교 때문일거야)

우연한 내 실수 때문에 시원한 바람을 맞으면서 오게 된 그곳에 우연히 생겨버린 내 감정은 평소처럼 한강에 두고 오지 않고 집으로 가져와 버렸다. 순간의 실수였던 건지 잠수교의 유혹이었던건지, 그날의 날씨가 유달리 좋았던건지. 잠수교의 이미지는 지독히 2달 동안 날 괴롭혔다. 결국 내 손으로 뜯어내고 뜯어내서 결말을 굳이 쥐어짜내게 되었다. 그 사람은 아직도 뭐가 뭔지도 모를 것이다. 알려주고 싶은 마음도 없긴 하지만 연락이 끊긴 건 가끔 아쉽긴 하다. 항상 연락을 했던 건 그 사람이지만 자신이 궁금한 물어보고 내 얘기를 하나도 듣지 않았으니까, 그렇게 이기적인것도 2달이 지나고 나서야 알게 된 나도 바보였으니까 뭐. 마음은 시리지만 그렇다.

내가 깊어져버린건, 잠수교도 한강이었기 때문이다.

새로움에 괜한 기대를 하고 잠수교에 간 날만을 생각하며 그날의 대화를 되새김질하는 나는 잠수교에 아주 안성맞춤이다.

　좋아하는 사람이 생기면 무의식적으로 주변에 말하고 다니는 것처럼, 나는 습관적으로 잠수교에 대해 지인들에게 말을 하고 다녔다. 선천적으로 지역이나 장소에 대해 잘 기억을 못하는데 잠수교는 실수로 돌에 박혀버린 못처럼 기억속에 박혀버렸다.

・

　요즘은 전국적으로 비가 많이 내린다는 뉴스가 끊이질 않고 있다. 장마철이라 비가 계속 내리니 이곳 저곳의 다리에 물이 차고 넘치기도 한단다.

　그러다 잠수교에 물이 차 출입통제가 되었다는 보도를 들었다. 정말 사실이었구나. 비가 많이 내리면 잠수교가 잠겨 사람들이 못다니는구나. 어찌보면 당연한 말이고 당연한 일인데 사람을 너무 당연히 믿고 신뢰의 끈을 넘겨 줘버리는 나에게는 그게 당연한 일이 아니었다. 몇일동안 마음이 다시 흔들릴 일이며 그때의 생각이 나 스스로를 자책하는 날에 괴로워 하는 시간들을 보내는게 더 당연한 일이다.

그날, 난 조금 더 빨리 집을 나섰어야 했고, 그래서 잠수교에 가지 않았어야 했다. 한강에 대해 새롭고 설레는 추억이라 생각하며 마음에 담아두지 말았어야 했던 것이다. 기억이 다시 고통으로 돌아오게 될 줄 모르고 바보같이 또 사람을 믿고 버림받고는 엉엉 울어버렸다.

내가 제일 싫어하는 "그때 그러지 말았어야 했는데", 후회. 후회의 후회. 이 모든게 다 잠수교 때문이야. 근데 사람이 좋은 걸 또 어떡하나. 사람에게 상처받아도 잠시라도 내가 진심으로 웃을 수 있다면 쪼르르 달려가 헤헤거리는게 나인데 말이다. (지금도 난 아직 바보다)

잠수교가 영원히 잠겨 다시는 기억속에서 떠오르지 않았으면. 사라졌으면 좋겠다. 나에겐 그 사람이 곧 잠수교이니 그냥 모두 다 잠겨버려 떠오르지 않았으면.

그와 나눴던 대화, 행동
모든것이 그와 함께 다 잠겨버려라. 하고 바란다.

누구도 궁금해 하지 않을 답장

T에게,

 언니, 언니의 그 따뜻한 마음이 나를 향할 줄 몰랐어.
 어느정도 예상은 했었고 언니나 나나 마찬가지로 서로 힘들 때 서로가 옆에 있어주지 못했네. 이번에도 답이 없을줄 알았는데. 사실 몇 자라도 남겨주길. 익명의 힘으로 기대했어. 해야할 것들을 처리하고 나니, 늦은저녁, 이제야 그 마음이 나한테 닿고 있는게 느껴져. 그래서 더 미안한 마음이 들어. 아직 내가 언니에게 '우리 민영이' 라고 불릴 수 있는 사람이구나. 근데도 난 무서워서 용기를 낼 수 없다는게 또 너무 우울하고 난 왜 그렇게 하지 못하고 여기서 숨어만 있는지에 대해 사실 내 자신에게 화도 났어.
 이렇게 착한 언니를 두고 또 연이 끊길 까봐. 그리고 나중에 또 긴 긴 편지를 쓰고 두고 두고 후회 할까봐 무서워. 이제야 눈물이 메여서 배도 고프지 않네. 언니가 해줬던 음식들이 생각이 나. 언니는 살림을 사람이라 누가 놀러와도 항상 집이 깨끗했고 잘 치웠지만 난 언니처럼 누구를 초대해도 그렇게 잘 하지를 못해. 그래서 가끔 언니 생각이 나는데 나는 그 반의 반도 안되는 걸 알아서 더 보고 싶어지고 왠지 더 빈지리가 커지는 것 같더라.

  나에게, 그리고 모두에게 해줬던 말들이 따뜻한 보일러로 다가왔었는데 지금 우리집에는 에어컨 바람만 쌩쌩 불곤해. 따뜻해 보였던 노란 조명도 이젠 핼쑥해 보이고만 해.

  언니가 어떤일을 알게 되었던 상관은 없지만 속으로는 알아줬음 했어. 그렇게 걱정받고 위로받고 싶은 마음이 너무 커서 오히려 다가갈수 없었던 것 같아. 더 이상 언니에게 큰 짐을 지워줄순 없었어. 나 때문에 힘들어하고 걱정하는건, 사실 이제 내 기준에선 미안한일이라고 판단 내렸어. 이런 일 그만둔지 꽤 됐거든. 서운해 할수도 있겠지만 그냥 나 혼자 아파하는게 차라리 마음 예쁜 언니를 위해선 낫겠다 싶었어. 이미 알고 있다면 어쩔 수 없겠지만, 언니에게 일찍 말하지 않아서 미안하단 말을 해야겠지만 걱정시키기 싫어서 그랬다고 하면 이해해줬음 좋겠어. 언니, 꼭 항상 멋지고 당차고 대단하고 사랑스러운 예쁘고 닮고싶은 그런 언니로 남아줘. 나도 그렇게 기억할게. 항상 고마웠어! 사랑해

                                20200911 아영이가

극단과 비례

하얀색과 붉은색들의 사이사이 빈 공간속의 틈새에낀 우리는 어느곳에도 갈 수 없는 그저 끼어있는 인생들이야 여러색을 발하는 세상속에서 그저 두가지색만을원하는 너와나는 어디에 끼어야 남들을 만족시킬수 있을지 손을 물어뜯으며 발을 물어뜯으며, 물론 서로의 것을, 계속 되뇌이고 있어. '우리가 가야할 곳을 알려줘' 생각의 깊이와 이해의 차이는 아무리 함께한 시간이 길더라도 서로를 밀어내는 디딤돌이 되어 시작을 시작하지. 난 그 순간을 사랑해. 내가 그렇다면 너도 똑같을 거야. 달라지겠지라고 기대하는 순간 '철퍽' 하고 쓰러져버리는 한명을 보고 나머지한명은 뛰어 거리로 달아나 버릴까. 아니면 곁에서 박장대소를 하며 담배를 태우고 있을까. 문제를 맞추는 사람은 나와함께 가는거야. 약속은 바라지 않기로 하며. 태도를 달리하지 말아. 그냥 예전처럼 너의 본성 그대로 가만히. 우주가 너의 주변을 돈다고 생각했을 때처럼 굳건히 있어. 난 그게 좋아. 왜냐면 나도 우주가 내 주변을 돈다고 아주 굳게 믿고있으니까. 내 생각과 너의 생각은 두가지와 아주 수십가지로 갈라진다고 해도 그건 변함이 없을거야. 모든 가능성과 수백가지의 생각주머니들에서 나온 공상들은 정답을 가르키고 있고 난 그걸 존중해. 경계선이 보였던 오늘도, 경계선이 보이지 않았던 어제도 난 언제나 똑같은 나로 존재하고 있었던게 분명해. 하지만 시간은 24시간이 아닌, 하루는 하루가아닌, 1분은 60초가 아닌, 1시간은 60분이 아닌 저 멀리 비행기가 가지고 있는 속력의 시간으로 달아나 버렸지. 꿈을 꾸고 있었던 거야. 시간은 비례하지 않아. 다만 나는 어디서나 비례해. 내 곁의 누구는 항상, 얼마든지 비례하지 않아. 그래도 신경쓰지 말아. 어차피 나한테는 1시간이 60분일테니까.

꿈, 약

 꿈이라는게 현실의 실패작으로 실현되는 것이라면 나는 죽는편이 나은 것일까 생각해본다. 혹 꿈이라는 것이, 꿈이라는 것이 현실에서 처리되지 못한 스트레스와 트라우마의 치료에 쓰이는 치료로인한 실현—이것이 더 맞는, 어찌보면 더욱 논리적인—이라면 나는 몇 년을, 몇 백번의 꿈을 더 견뎌내야 하는 것인지 세어봐야 한다. 센다고 나오는 숫자가 아님을 잘 안다. 사람이 미래를 알수 있다면 얼마나 편할까. 하지만 그럴수 없음에 희망에 기대며 그냥 사는게 아닌가. 근데 나는 희망 조차 없어져 버린 이 힘든 꿈에 항상 지쳐 버려 있다. 다크써클에 온 몸이 휘감아져 발걸음을 위로 올릴수 조차 없다. 누군가는 그냥 잊어 버리라 말을 하지만 나에겐 풀어야 할 과거가 너무나 많아 잊어버릴 수 없는 쌓여있는 꿈들이 하루에도 몇 번씩 질문을 준다. 현실의 좌절로 인해 나온 꿈은 나에게 고통을 주는 동시에 자유와 해방감을 주고, 또 동시에 매력적으로 끌려들어가 내가 좋아하는 사람들까지 끌어들여 헤어나올수 없게 만든다. 그 사람들을 보려고 고통을 받으며 자유를 조금 맛보는 것 뿐. 내 꿈은 그 이상의 영양가는 없다.

트라우마와 스트레스의 치료와 머릿속의 정보처리의 기능이 꿈이라면 내 머릿속은 앞서 말한 것처럼 평생이 걸릴 것처럼 꼬여있기에 누구도 도와줄 수 없다. 그저 약을 먹으며 이 흉물스럽고 수치스럽고 혐오스럽고 무서운 장면들을 잠시 흐릿하게 만드는 것 뿐. 부작용은 하루종일 졸리고 어지럽고 집중이 안된다는 것, 그리고 무지비한 폭식과 급작스러운 체중 증가.

최근 다량의 약을 먹고, 기억하지 못하는 상태로 오피스텔에 불을 낼 뻔했다. 어찌보면 죽기 전, 병원 응급실에 갔다. 이미 12시간도 더 지나서 약은 빼낼 수가 없었다. 몸에서 약 성분이 그저 빠져나가길 바라며 2L가 넘는 식염수만 계속해서 몸으로 흘려보내고 있었을 뿐이다. 잠도 오지 않고 물도, 정규약도 먹지 못한 채로 눈만 동동뜨고 12시간을 가만히 있었다. 세상 잠은 내가 다 잤고, 응급실 새벽의 고요함과 곧이어 긴박한 순간들의 소리와 비명들은 생생하게 다 내 귀로 들어왔다. 고통의 시간이었다. 퇴원을 하고 나서 나는, 내가 그냥 자살시도 해프닝이 끝난건줄로만 알았는데 진짜 시작은 그때부터 였던가. 다량의 약으로 자살시도를 하려 한적은 정확히 5번, 충동적으로 생각한 적은 몇 번정도. 만약 모두 다 실행에 옮겼다면 난 지금쯤 뇌사자가 되있거나 반쯤 뇌가 죽어있지 않았을까. 왜냐면 60-70알을 먹었던 이번 한번의 시도 만으로 큰 타격을 입어 내 뇌가 조금 바보가 되었다고 느껴지기 때문이다. 다 안정제만 먹었어도 안 좋았을텐데 섞어먹었다니. 아무튼 지금 내 상태는 단어 선택을 전처럼 잘 하지 못한다. 전에 잘 쓰던 단어를 고르지 못하고 잘 기억하고 있던 정보들은 정말 거짓말처럼 통째로 날아가 머릿속에서 사라졌다. 쉽게 말하면 약을 먹은 그 날 내 뇌는 멈췄고 더 이상 작동하지 않는다는 느낌이 든다. 병원에 가서 의사선생님께 말을 해봤지만 내 느낌만 그렇다고 했다. 만약 그때 약 때문에 인식기능이 떨어진거라면 내가 악몽이나 꿈을 꾼걸 다 기억하고 병원에 와서 그대로 말을 절대 못한다고 했다. 생각해보니 그런 것 같기도 하지만 일상생활에서 불편한 건

불편한거다. 몇 개월이 지난 지금 확실하게 알겠다. 내가 잘못선택했다는 것을. 역시 확실하지 않으면 어설픈 시도는 불필요한 것이다. 오히려 몸만 축내고 더 아플 뿐이다. 누가 알아주지도 않는다. 특히 나처럼 혼자 지내는 사람에게는 특히 더 위험하다. 더 큰 우울을 불러올 뿐이다. 그날 병원에 가기 전 엄마의 실종신고 전화 때문에 경찰이 우리집에 왔었다. 걱정시켜서 미안했다. 그런생각을 하고 있으면 한숨만 나온다. 주기적인 생각이라 주기적인 긴 한숨.

  어릴적 가요를 별로 듣지 않고 언니의 영향으로 인해 팝송만 내리 줄줄 외워 듣던 나를 기억한다. 갑자기 그때가 기억이 났다. 가끔은 그때 왜 가요를 듣지 않았나 생각도 하지만 지금생각하면 돌아갈 수 있는, 이렇게 힘들어도 모든 노래를 외워 부를 수 있는 그런 때가 있었고, 지금도 그럴수가 있었다는 것에 감사하다. 그것 때문에 요즘은 조금민 죽음을 갉아먹고 살아간다. 언제달라질지 모르지만. 그냥 간절한건 다시 내 머리가 정상으로 돌아왔으면 좋겠다. 최소한 내가 말하고 싶은 단어는 바로바로 머리에서 찾아서 말하고 싶다는 사소한 바람이다.

실패의 Y값

 몇일동안 또 인생이 망가지는 실패의 방정식의 나날을 보냈다. 쉬이 돌릴수 있으리라 다짐하고 시작한 새벽은 잊혀졌고 눈을 뜨면 매번 다시 새벽 혹은 밤처럼 깜깜한 어둠속에 한 줄기 모니터 불빛만이 있었다. 핸드폰은 어디에 있는지 궁금하지도 않았다. 어디에 있는지 알필요도 없었다. 누구에게 전화가 왔었는지 메세지가 왔었는지 확인할 필요도 없었다. 그 누구도 날 찾는이는 없을 것이기 때문에. 아무렴, 내 예상대로 아무도 없었다. 화가 날 정도로 마음에 안드는 사람들도 없었다. 실망하지도 않았다. 아무것도 없으면 아무것도 느끼지 못하는 법이다.
 누군가 만들어 낸 창작의 인물이지만 난 그들과 나를 동일시하는것을 좋아한다. 그렇게 라도 동질감을 느끼지 않으면, 너무 초라한 아침과 새벽이 날 뚜렷이 바라보는 것 같아서.

끊임없이 흔들리는

"맞아. 네 말대로, 내 옆엔 아무도 없을거야. 평생."

 왜 그들이 고독감을 느끼거나 슬픈 말들을 들을 때 난 동질감을 느끼는 걸까. 아마 내 처지를 비관하고 비련의 주인공과 비슷하게 살고있다고 아직도 생각하는 거겠지. 어쩔수 없다. 내가 아파서 가끔 그렇게 느껴지는건 약으로 고쳐지는게 아니니까 말이다.
 영화 속 주인공이나 드라마 속 주인공은 영원히 살고 있다고 믿는다. 그러니까 날 버리고 떠나지 않고. 죽지도 않고. 눈앞에만 없을 뿐. 생각해 내면 항상 곁에 있는 존재들이기에. 마음에 담게되는 영상물들이 늘어날 수록 점점 고독해지고 아련해지는 마음도 커져가는 것 같다. 그들과 함께해야만 하는 것 같아서. 함께 해야만 할 것 같아서. 그들은 나 없이는 혼자일것만 같아서. 남들이 이 글을 읽으면 좀 이상하다고 생각하겠지. 이런 생각하는 나도 이상하다. 하지만 인간불신이 가득한 현실세계에서, 믿을 이 하나없는 세상에서 마음을 주는것보단 오히려 가상의 인물에게 마음을 주는게 나은것 같다는 생각을 한다.
 내가 너무 아픈 탓인가, 괜한 글을 쓴 것 같다.
 책이 출간되면 이 페이지는 찢어야겠다.

낮잠

 낮잠을 잤는데 오랜만에 좋은 꿈을 꿨다. 그래도 여전히 몸은 뻐근했다. 누군가는 다 날 버리고 가도 잠시지만 버리고 가지 않는 이들도 있었다. 영원일지 찰나일지 모를 그 번갯불이 고맙고 따뜻하게 느껴졌다.

 중학교 친구들이 벌써 성인이 되었구나. 그런데 입은 쓰게 느껴졌다. 꿈에서 나는 술을 못먹고 입의 염증이 낫지 않은 상태였다. 다행이었던듯 하다. 재밌었는데 그만큼 웃기기도 많이 웃겼는데, 그런데 나는 왜 항상 그 소속에 있어야만 하는지가 궁금했다. 마치 가출팸을 떠도는 것 마냥 많은 남자들을 만나고 다니며 웃음과 외로움, 관심을 교환하는것 같았다. 그리고 그런 관계들은 오래가지 못한다는것은 내가 제일 잘 알기에 꿈에서 깬 나는 꽤 잠시동안 외로움에 잠겨 몸을 일으키지 못했다.

 현실에서는 밥을 아직 먹지 않았는데오 꿈에서 나를 위해 고기를 구워주던 그들이 너무도 선명히 남아있어 배가 한껏 불렀다.

무지

작년의 나, 올해의 나, 미래의 나
나라는 존재가 너무 싫다. 부정하고 싶다
존재자체로 아름답다는 말은 어디에서 나온걸까
울면 달라질까, 우는 순간 난 무너져 버렸다
순간순간마다 무너지고 있다
내 몸엔 스위치가 너무 많아서 전원을 뽑아버렸다
살짝만 켜져도 감전되어 죽을 것 같아
내가 더러워진건가
그저 살아내려한건데 왜 살수록 멍이 번지는 걸까
곰팡이 같은 인생이 생각난다
번지고 번져 물이 있는 곳은 모조리 잠식당한다
방법이 없다
내가 손을 내밀어도 사람들은 왜 똑같을까
마지막은 왜 똑같을까

경험해 보지 않은 사람들이 밉다가도 안쓰러워진다
부러워서, 그 무지가 날 찌른다
토할 것 같다
난 이게 다시 오는게 싫어
자신도 없는데 자신있는척
행복을 알려주려 하는게 이제는 지겨워

끊임없이 흔들리는

고양이의 언어로

 그는 날 고양이라고 불렀다. 하는 행동이 정말 고양이 같다며. 예민하고, 민감하고, 몸에 손길만 닿으면 피하고, 바로 경계태세에 돌입 하는게 마치 자기가 말을 하는 고양이를 키우고 있는 것 같다고 했다.

 고개를, 꼬리를 빳빳이 세우며 우아하고 거만하게 걷는 고양이는 쉽게 외로워한다. 그리고 금세 관심받고 싶어할테지. 고양이는 잠시라도 아쉬우면 자신만의 귀여운 털과 얼굴로, 동그랗고 자그마한 몸뚱아리로, 누구든 꼬실 수 있다. 원하는 게 있든 없든 다가가서 꼬리를 비비거나 얼굴을 문지르며 애교를 부리면 사람들은 좋아한다. 그리곤 이 작은 생명체를 귀여워하며 털을 쓰다듬고 만지면서 사진을 찍기도 한다. 그러다 갑자기 고양이가 겁이나거나 싫증이 나면 토라져 도망가버린다. 집사도, 사람도 이유를 모른다. 소위 고양이 맘인건지, 아님 그냥 변덕이 심한건지. 마치 날 혼자 두라고 하면서 영원히 가지는 말고 곁에는 있으라고 말하는 것만 같다.

고양이를 다룰 땐 어떻게 해야 할 지를 몰라 항상 허둥지둥 대다가 고양이가 놀란 것 같거나 기분이 상해보이면 자리를 피해주고 신경을 안 쓰는 척을 한다. 근데 왜 갑자기 그가 생각났던건지. 허둥지둥 내 기분을 맞춰주려고 달래줄 때의 그의 마음이 얼마나 급했을지가 이제야, 미안하게도 그리워졌다.

고양이 같이 예민한 내가 변할까봐, 외로운 내가 더 외로워져서 영영 돌아오지 않는 곳으로 도망갈까봐, 힘든 시기에 만났던 내가 안좋은 선택을 할까봐 조금이라도 힘이되줘야 겠다는 마음에서 생각한 마음이 커져서. 얼마나 안절부절, 애를 써가면서, 나를 달래주고 위해주며 생각해줬던 걸까. 아무사이도 아닌 나에게 그렇게 맞춰주고 달래주는게. 매일같이 진흙탕에서 꺼내주고 도와주고 위로해주는게 여간 힘든일이 아니었다는 걸 이제 알게되었음을. 선천적으로 까탈스러운 성격도 아니면서 맞춰주는 사람이 존재했기에 고양이처럼 날이 선 말투에 고개는 빳빳이 들었던 나는, 원하는 것은 원하는 시기에, 그리고 귀찮아지면 모른체하고 힘들어지면 언제든 버릴 수 있는 사람취급을 한 내가, 지금도 겉으로는 모른척하면서 속으로는 그에 대한 글을 쓰는 나는 도대체 어떤 형태로 이루어져있는가.

끊임없이 흔들리는

전혀 그리워 하지 않을 것 같은 사람이 그리워지다니, 사람이 얼마나 약해지면 이렇게까지 낯선 사람의 손길을 필요해 하는건지, 아님 정말 고양이가 아니었음을 증명이라도 하고싶은건지, 마주할 생각을하면 이런 저런 얘기를 할 상황들이 두렵곤하다.

나중에 건강해지면 이 날의 기억을 다시 혐오하고 수치스러워 하며 종이를 모두 찢어버리며 없던 날로, 추악한 장면들로 기억하진 않을까 하곤 생각하지만서도, 진흙탕 속에서 날 건져낸 마지막이 그리운 날에는 그가 보고싶고 애처로우며 미안한 점들도 많은데, 지금의 감정이 진실인지 구분조차, 사실은 가늠조차 할 수없다.

난 그에게 고양이였기에, 언어없는 동물이었기에, 보살핌만 받았기에, 왜 만났고 떠났는지에 대해 이유도, 아쉬움도 남지 않았었다. 그저 그리움만 떠오를 뿐이었다.

이미 벌어진 시간

    내가 편안하게 쉴 수 있는 곳은 도대체 어디일지 생각해 볼 기회조차 있을까. 어제 밤에는 약을 먹지 못하고 잠에 들었다. 정확히는 육체는 잠에 들었지만 정신은 고통스러운 기억들 속으로 또 들어갔다. 매혹적인 사람들과 날 힘들게하는 사람들의 반복속에서 난 또 혼돈을 경험했다. 어제의 스트레스들은 남 모르게 믿고있었던 아빠를 떠올리게 했다. 미안한 기억과 아빠가 모르고 있던 얘기들이 세상 밖으로 꺼내졌을 때, 그리고 난 모두와 이별하게 되었을 때. 아무도 나를 믿어주지 않았다. 경찰에게 울면서 한번 더 얘기를 꺼낼 수밖에 없었고, 기회를 가까스로 얻었던 난 그 기회를 스스로 던져버리고, 다시 던져버리고, 알코올을 선택하고 죽음으로 가는 버스를 탔다. 내가 사랑하는 그들은 나를 놀리고 있었고 나를 더 이상 중요하게 생각하고 있지않았다. 이제 모두 다 끝이야, 안녕. 내가 상처줬던 친구를 위험에서 꺼내주고 가장 사랑하는 친구와 함께, 그들을 죽이려 갔다. 무거운 걸음을 한 걸음씩 떼면서, 그 시절 내가 제일 좋아했던 립스틱을 사서 예쁘게 바르고.

  현실로 돌아왔을 때는 더운 가을이었다. 불만이 가득한 아침 밥상은 재수도 없게 밥맛이 좋았다. 재수도 없는 사람들은 눈길도 주지 않아서인지, 난 주위 신경을 잘 쓰지 않는다. 그래서 인지 몰라, 밥도 맛있게, 후식까지 먹어치워버렸다. 담배를 태우려 나갔던 바깥 아침은 선선한 바람이 불고있었고, 있지도 않은 사람이 보고싶어졌다. 태어나지도 않았을까, 혹은 어딘가에 조그맣게 꿈틀거리고 있었을까. 그때 옛날생각이 난 것이었다면 난 누굴 떠올리고 있었던 것일까. 분했던 것일까, 질투를 했던 것일까. 억울했던 것일까. 이 모든게 전날 밤 약을 안먹어서 일어난 일이라면 누구를 탓해야 하는 것일까. 세상을 탓하기에는 너무 많은 일이 일어나 버렸다.

그래도, 밖으로

 술을 한 모금, 한 모금 마시고 머리위에 뿌리면서 우리는 '다시 좋아질거야.'를 반복하고 있어. 우울해 질 때마다 약을 한 개씩 입안에 털어넣고 '나, 심장이 곧 멎을지도 몰라' 라며 장난을 치고 웃고있어. 그러다가 정말 심장이 안 뛰게 될 때까지 나는 약을 먹어야지, 계속해서 먹어야지, 이렇게라도 우리가 사는건, 사실 우리가 생에 애착이 너무 강하다고, 우리만큼 살고싶어 하는 사람들도 또 없다고. 이렇게까지 사는 건 우리밖에 없을 거니까, 우린 그냥, 우리는 이렇게 계속 있자. 누가뭐라고 방해해도, 우리세계를 없애려는 사람들 뒤로한채, 우린 그냥 같이 있기만 하면 되는거야. 난 그럼 됐어. 그걸로 내가 하고 싶은 일은 다 된거야. 내가 뭘 하고 싶었던 지 기억이 안나도, 내가 뭘 좋아했던, 내일 뭘 해야했는지 기억이 안나도 괜찮아, 나는 그냥 그걸로 다 된거야.

약은 7개고,
밤은 너무 짧다

글/그림/디자인/편집 신민영

표지사진
Photo by Francesco De Tommaso on Unsplash

초판1쇄 인쇄 2020년 10월 14일
초판2쇄 인쇄 2021년 10월 31일

이메일 alsdud423@naver.com

*이 책의 전부 또는 일부를 재사용 하려면 펴낸 곳을 통한 저작자의 동의를 받아야 합니다.

copyright ⓒ 신민영